遗憾妈妈的名师路

——"动动数学"创始人孙平

酉长有德／编著

给孩子一种方法，

让他自己去思考；

给孩子一种工具，

让他自己去创造。

为人母，我要教孩子走正确的路；

为人师，我要教孩子正确地走路。

山东教育出版社

图书在版编目（CIP）数据

遗憾妈妈的名师路："动动数学"创始人孙平/酉长
有德编著. —济南：山东教育出版社，2015

ISBN 978-7-5328-8845-0

Ⅰ.①遗… Ⅱ.①酉… Ⅲ.①孙平-生平事迹 Ⅳ.
①K825.46

中国版本图书馆CIP数据核字（2015）第085980号

遗憾妈妈的名师路
——"动动数学"创始人孙平

酉长有德　编著

主　　管：山东出版传媒股份有限公司

出 版 者：山东教育出版社

　　　　　（济南市纬一路321号　邮编：250001）

电　　话：(0531) 82092664　传真：(0531) 82092625

网　　址：www.sjs.com.cn

发 行 者：山东教育出版社

印　　刷：山东新华印务有限责任公司

版　　次：2015年5月第1版第1次印刷

规　　格：880mm×1230mm　32开本

印　　张：4.25印张

字　　数：80千字

书　　号：ISBN 978-7-5328-8845-0

定　　价：18.00元

（如印装质量有问题，请与印刷厂联系调换）
（印厂电话：0531-82079112）

目录

给孩子一种工具，
让他自己去创造奇迹（代序）

　　《动动数学》的作者是在北京蓝天幼儿园教学一线工作了几十年的孙平老师，她着眼于思维能力对人的重要作用，立足"幼小衔接"的客观现实，将"搭建孩子一生的思维平台"作为自己为人之师的使命和几十年研究探讨的主线。在这本看似平常的幼儿教材中融入了思维能力培养的魂魄，在独特的教法中又将人的思维能力在判断上聚焦，反反复复明确地使用类比、推理、守恒、概括这四种需要一生运用的思维工具。

　　工具不在于你认识不认识的"学"，而在于你会用不会用的"习"。对于以数学教学为表象，以掌握四种思维工具为目的的《动动数学》，一直固守着这份价值守恒，以期提高孩子思维的品质，成为孩子正确清晰思维基础的导向路径。

　　就编制教材背后的思考而言，是具有开创性意义的。思维之道就是智慧之道，方向比努力更重要。内容还是那些内容，但正是由于有了不一样的思考底蕴，才形成了独特的教学方法。

一、趣味性——灵机一动的思维兴趣

《动动数学》将问题作为思维的引子，趣味在这里成了问题情景剧，使孩子们始终处于问题的情景之中，而问题的设定又是那些司空见惯的生活现象。老师用一连串为什么的追问，点拨着孩子平日里眼中有、脑中无的东西，孩子们在是什么、怎么样的自问自答互问互答中，成为了学习的主人，使思维在疑问中扩散，在好奇中升华。让孩子的思维在常规情况下动起来，多走一步，再多走一步，让孩子自己去享受思考的快乐，理解的快乐，运用工具的快乐。因为在幼儿阶段想象比知识还重要。

二、操作性——形象具体的思维方法

幼儿学习数学，要依靠具体形象的思维作用于事物的动作，操作在这里不是简单的动手，而是四种思维工具的练习，是期望对思维工具常常接触而熟悉、达到思维工具使用的习以为常。为此，作者把需要孩子掌握的知识都尽可能地转化成可操作的材料，让他们在玩中学，玩的有目的，玩的有要求，玩的有主题，玩的有规则，从而在实际操作的基础上将外在的形象动作进行浓缩和内化，最终在头脑中进行抽象和概括，能动地构建数学概念，感知数学思想，从而达到熟练使用思维工具的目的。

三、系统性——一脉相承的思维架构

"钻石"与"石墨"都是由碳原子组成的，仅仅因为分子排列方式不同就产生了软硬不同的巨大差异。本书在知识结构的构成上，更为理性，立意更深，眼界更远。将学前孩子应该和可以掌握的数学内容，根据四大思维工具的应用特征，参考常规做法，划分为不同的认知领域，提炼出数十个知识点，承上启下，循序渐进，交织互换，温故知新地进行安排，力图将孩子一生都需要运用的本质性数学概念中与成人思维方法相重叠的部分，做成"钻石"般以掌握四种思维工具为目的的知识结构，为孩子搭建一生都可以运用的数学基础框架，帮助孩子掌握一生都需要使用的思维工具。

四、迁移性——由此及彼的思维工具

孩子知识迁移的意识和能力，实际上是孩子运用无边界思维工具的能力，其数学方法上以知识迁移为重点，通过游戏、操作、环境、活动、情感、语言、讨论、科普、引导、互助等十个路径，运用四种工具进行知识的自然迁移，从而形成思维的路径依赖。知识的内涵饱满，学科的穿插活跃，孩子们的思维快乐地跟随着问题流畅地滑动，在想象与联想中，运用思维工具来自我解答，自然地进行着知识的迁移。

《动动数学》让孩子们在动手动脑中学数学，将数学教育上的知识点变成了思维的工具，将繁杂的思维简化为四种基本工具，突出了"习"在孩子的认知过程中的行为特征，

形成了以培养思维能力为主线，以使用四种思维工具为魂魄，以数学教育教学为平台，以常识问题设定为导入，以相关知识迁移为重点，让孩子在快乐中灵机一动，学会运用思维工具的教学模式。

尽管《动动数学》还有进一步丰富和完善的空间，但实践的结果证明，对于形成孩子思维的本质雏形，成效是明显的，思考是有价值的，是值得肯定并推广的。

——摘自《〈动动数学〉的评估报告》

"小儿科"不小

几经周折，孙平重新走上了教学岗位。

之所以说几经周折，一是指她的工作调动，另一方面，也是指她的"思想观念"……

孙平的爱人为现役军人，她随军对调来到了爱人所在单位，由于当时正值孩子的哺乳期，就将人事关系挂靠在了人事部门，具体单位并没有落实。现在，假期即满，不得不落实了。

经过来来回回地跑，上上下下地跑，左左右右地跑，最后，单位总算落实了，只不过，有些出乎孙平的意料——幼儿园。

"幼儿园就幼儿园吧，一边带着女儿，一边当着幼儿老师，就算陪着女儿共同成长呗"孙平心态平和地想，"不就是一名幼儿老师么，哄哄孩子，带带孩子，然后跳跳唱唱说说诸如'小蝌蚪找妈妈''猴子捞月亮''小壁虎借尾巴'之类的故事；再说，跳跳唱唱不正是自己当年的'专业特长'（学生时代当过文艺队长，还曾有过'文艺兵'的梦想）！虽然现在做了'妈妈'，但基本功犹在呢，况且，自己还当过初中老师。"

只是，提起初中老师，孙平心里还是有那么点儿"想法"的，因为在孙平看来，至少是名小学老师才算是"老师"，"幼儿园老师"是个母亲或是有点文化的人都能当，带孩子们玩玩，"小儿科"么，谁还不会！

孙平自信满满地走进了接收她的西郊机场幼儿园。

谁知，迎接她的园长见到漂亮的孙平，第一句话便是："千万别小看了这些孩子，他们个个都是未来的科学家、作家、发明家……"

但当时的孙平没当一回事地当起了这个在她看来根本不能算作"老师"的老师。

就这样，浑浑噩噩地，孙平开始了她"以己昏昏，使人昭昭"的幼儿老师生活。

之所以说她"以己昏昏，使人昭昭"，是因为她早就"认定"了幼儿老师只不过是带带孩子：孩子"哭"了哄一哄，孩子"闹"了狠一狠，孩子"饿"了喂一喂……根本没有注意过"幼儿"后面常常还有"教育"二字。

在西郊机场幼儿园还没待上一两个学期，由于爱人工作调动的原因，她又被调到了空军直属机关蓝天幼儿园。

孙平清楚地记得，那是 1983 年 12 月，因为她到蓝天幼儿园报到后没几天，就遇上了 1984 年的元旦。

　　　天上风云庆会时，庙谟争遗草茅知。
　　　邻墙旋打娱宾酒，稚子齐歌乐岁诗。
　　　老去又逢新岁月，春来更有好花枝。
　　　晚风何处江楼笛，吹到东溪月上时。

明代陈献章这首《元旦试笔》也许可以反映出这"一元复始,万象更新"的元旦氛围!

孙平一踏进蓝天幼儿园,一股"稚子齐歌乐岁诗"的浓浓气息,如"满园关不住"的"春色","行尽江南数千里"……

孩子们有准备歌舞的,有准备剪纸的,有准备彩画的,还有扎气球的,诗朗诵的,做游戏的,壁挂制作的……一派紧张、祥和、温暖、喜气洋洋的景象。

孙平眼睛一下亮了起来,当年的"文艺范儿"也如遇上这春风,一下复活了——迅速地融入到了孩子们的欢歌笑语中。

但也只是"融入"到"欢歌笑语"中,"幼儿老师"在她的眼中,仍是带着孩子们玩的"小儿科"。

可没想到,这"小儿科",很快就让她感到了"大吃一惊"!

1985年5月6日,教育部颁布了《幼儿师范学校教学计划》。这年,全国首次开始对幼儿教师进行上岗资质考试,科目涉及幼儿教育学、幼儿心理学、幼儿卫生学、幼儿常识教学法、幼儿计算教学法、幼儿语言教学法、幼儿音乐教学法、幼儿体育教学法、幼儿美术教学法,统称"三学六法"。

"这么多!"

孙平一下子惊得睁大了眼睛。

她本来以为幼儿教学只要用一用游戏化语言、情境化手段就够了,哪知还有这么多学问,况且,复习时间从报名到考试,加起来也不过一两个月。

白天工作时间一点儿也不能占用,复习全凭在晚上,再加上星期天半天的专家培训。专家——其实就是师范学校的老师。

看着坐在下面有比专家年龄还要大的"孙平们",专家不无嘲讽地说道:"这么短的时间,你们要将我们师范学校三年开设的课程全部学完，还要考试合格，呵呵……那我们师范学校干脆就不用办了。"

但孙平却不以为然。

为什么？

她有底气。

虽然看着这一大堆科目让她有点"惊慌"，但还不至于"失措"——譬如幼儿卫生学，她自己就带着女儿呢，有理论更有实践；譬如幼儿音乐教学法，她更是拿手，当年的"宣传队长""文艺兵"，肯定没问题；再譬如，幼儿计算教学法，她曾是中学数学老师呢，考这个，还不是小菜一碟！

若说有点为难的，算幼儿心理学，这对孙平来说，完全是一门陌生的科目，此前，根本没有接触过。很多老师都决定先放弃这门课，明年或是后年再考，反正考试成绩几年内都有效，这样会准备得更充分一些。

可是，孙平心里却说了"不"字。

她想，要么不考，要考，就争取一次性全部通过。

于是，她开始了如当学生一般的"苦读"："何物动人，二月杏花八月桂；有谁催我，三更灯火五更鸡。"

眼看考试日期越来越近，可不凑巧的是，她病倒了，感冒得不仅眼泪鼻涕一把，而且感觉大脑成了一块"木"，敲上去，发着"梆梆"的木声，且高烧不退。

无奈，孙平只得住进了医院。

孙平一边打着点滴，一边复习着，其认真的态度，不亚于高考的学生，引得同病室的病友或其家人啧啧称赞，同时，他们教训着自己上学的子女："你看人家孙老师，都是老师了，还这样刻苦学习，你们呢，成天不是打游戏就是不知玩些什么，羞不羞、愧不愧！"

这样一教训，却让孙平不好意思起来，想不看吧，考试日期日渐逼近；看吧，这眼瞅着成了"教材"，恨得那些孩子牙痒痒不说，弄得自己比学生还"学生"，简直有辱"师道"。

好在，感冒也算不得什么大不了的病，住了两天院，打了几天点滴，就好了。

考试。

两天下来，孙平考得"一头汗"……

成绩公布了。

"功夫不负苦心人"——孙平所有科目都合格了。

令孙平大吃一惊的是，全园"三学六法"全部合格的，仅她一人。为此，空军特地对她进行了嘉奖，以表彰她的"成绩"。

可是，令孙平大吃一惊的还不是因为只有她一人过关，而是她一向引以为傲的数学成绩，在这次考试中，竟然只得了78分，连80分都没超过——这也是她考试时考得"一头汗"的原因。

"怎么会这样？"孙平一遍又一遍地问着自己，"看来，这幼儿教学，还真不是'小儿科'，这里面的学问，大得很。"

于是，她开始重新"打量"起这幼儿教学来。

这一"打量"，不仅让她一下子从原来的"不屑"中转过身来丝毫不敢小觑，而且还让她不禁惊呼起这幼儿教学中所珍藏的奥妙、神奇、快乐……

生动有趣的"动动数学"课堂

兴趣是学习的动力

姜心泽是从2007年3月学习《动动数学》课的，刚来的时候是6岁半，开始兴趣不是很大，可是到现如今已经对上课变得非常有兴趣了。

通过一个月的学习，我们发现心泽已有一些较明显的变化。原来与她谈话是口语化的东西比较多，对事物的叙述也不是很具体，上了《动动数学》后，再与女儿谈到某类事物时她会对我说："妈妈你说具体一点行么？"过渡期间她已经开始接受和吸收了老师在课上讲解的内容，并运用到生活当中，这些严谨的思维方法使她在生活中善于发现问题，并能恰当的运用了。

她回家把得到的小卡片，按不同图案进行排列、组合，自己算这种图案有多少张？那种图案有多少张？

总共加起来是多少张？看来老师能讲的观察分类法她已经在不知不觉中运用了。

看到孩子这一个月来的细小变化，做家长的心里很高兴，更要感谢老师们带给孩子这种启发、鼓励、快乐、兴趣式的教学方法和新的思维观念的训练。

姜小萍妈妈

老师，
你知道我为什么不哭了吗

这奥妙，首先来自一个叫张小齐的小朋友。

每位幼儿由家庭生活步入幼儿园的集体生活时，都有一个适应过程，有的时间短有的时间长。

张小齐属于后者。

在托班时，张小齐就因哭闹而经常不上幼儿园，据说上个学期进小班时，就哭了将近 4 个月，等到好不容易不哭了，学期也结束了。这学期进入中班，分到了孙平班上。

孙平眉头皱成了一个疙瘩："她会不会再哭闹个不休呀？"

可没想到，除了第一周哭闹了两三回，后来，竟然再也没有哭闹过。孙平赶紧抓住她这一"闪光点"，在班上让小朋友们为她鼓掌，张小齐高兴得小脸蛋通红。接下来的分散活动中，张小齐悄悄来到孙平身边，让她低下身子，然后附在她耳边说道："孙老师，你知道我为什么不哭了吗？"

孙平眨了眨眼睛，问道："为什么呀？"

"因为孙老师说话算数，我也说话算数。"张小齐认真地说道。

哦，原来是这么回事呀——

那是开学的第二天或是第三天，张小齐怎么也不让送她来园的母亲离开，孙平好不容易将哭得"一塌糊涂"的张小齐接了过来，这才让她母亲乘机"溜"了。

一见母亲在孙老师的"掩护"下不见了，这下好了，她脚前脚后地跟在孙平后面，一边哭着，一边像小和尚念经一般："我要回家，我要回家。"怎么哄都不行，翻来覆去，就这么一句话。

其实，她母亲并没有走远。站在校门外的母亲看着张小齐"蚂蟥叮住螺蛳腿"般的"叮"着孙平，而且是一副无助、无奈、可怜兮兮的样子，几次想进去，可还是理智地忍住了。

记得刚入园的时候，母亲在家提前个把星期就开始给她灌输幼儿园老师如何好，幼儿园小朋友如何好，幼儿园校园如何好，"好"得张小齐欢呼雀跃、跃跃欲试，即便是在送她来幼儿园的路上，也是兴高采烈、欢欣鼓舞的。可是，当母亲将她交给老师，"再见"两字还没说出来时，突然，张小齐就小嘴一咧，接着"哇"地一声就哭开了，任凭老师怎么哄怎么抱甚至怎么"狠"，她也都不闻不看不理。当时，母亲可心疼了，长这么大，张小齐还从来没受过如此"委屈"，更不要说如此长时间的"哭"了。可是，老师却一再地催她离开，说大部分小朋友入园时都这样，见不到母亲后，一会儿就会好。

她听从了老师的建议。但是，站在门外人群的后面，一边看着张小齐泪流满面，一边自己也禁不住流下了心疼的眼泪。

但她知道，此时不能进去，除非打算不让张小齐入园了。

这时，老师想出了一招。

"不许再哭了。"老师"恶狠狠"地说道："再哭——"老师一伸手，将她的一只鞋抓在了手上，"我就把你的鞋给扔了。"

张小齐虽然一直在哭着，但一见鞋要被老师扔掉，忙一把给抢了回来，紧紧地抱着，尽管哭声仍在继续。

老师见这一招"有效"，于是，再次"夺"过鞋，作势扔出去。

"我不哭了。"张小齐终于示弱了，"不要扔我的鞋。"

"那好，我给你穿上。"老师给张小齐穿上鞋。

可是，刚刚穿上鞋的张小齐却又咧开嘴，哭了起来……这一哭，就哭了将近4个月，几乎每次来园，都要上演一次"以泪洗面"。

"洗"得母亲后来都习惯了，把她交给老师后，也不再像一开始那样站在门外暗暗地观察，陪着她一起"哭"，而是转过身"扬长而去"。

一般的幼儿入园老师都会像告诉张小齐母亲的一样，只要不见到家长或是几天之后，也就融入到了"集体"当中，不再哭了，谁也不像张小齐这样，一边"融入"着还一边哭着，以至成了全园的"经典案例"，只要一提到她，全园老师没有一个不知道的。

所以，孙平听说后一直很担心是在所难免的。

但现在不仅仅是"难免"不"难免"的，而是让她亲自"领教"了……

眼看着一个多小时过去了，让她喝水，不喝；让她坐下，不坐。孙平被她闹得既心疼不已又无计可施，顺口说道："你如果不哭了，老师下班后就马上把你送回家。"

哭声停顿了一下："你说话算数？"

"算数。"

"那你保证。"

"我保证。"孙平顺着张小齐的话说道。

"不行。"

"怎么不行？"

"到时候你又说话不算数了。"

"那还没'到时候'呢，你怎么知道老师说话不算数？"

一句话，说得张小齐无话可说了，她眨巴了几下眼睛，伸出小手抹了抹眼泪，说道："那好，如果老师说话不算数，我还哭。"

"好，我们拉勾。"

没想到，哭了一个多小时的张小齐，还真的停住了哭，但她仍不放心，想了想对孙平又强调道："如果老师说话算数，我说话也算数，今后再也不哭了。"

"那好吧，我们俩说话都算数。"孙平不失时机地伸出小指与她拉起了勾，"拉勾上吊，一百年不许变。"

孙平想，小孩子么，不过是哄哄而已，过了一会儿，她肯定就忘记了。可在午睡前，张小齐却用一双乌溜溜的大眼睛望着孙平说道："你下班时我如果还在睡觉，别忘了叫醒我啊。"孙平还能说什么呢，只好重重地点了点头。

下班时，孙平给她妈妈打了电话，然后一直牵着她的小手，把她送到了家。

现在听到张小齐如此这般地告诉她不哭的"秘密"，让孙平站在那喟叹良久——假如那天她悄悄地走了而没把张小齐送回家，那将会给张小齐幼小的心灵留下一个什么形象，让她又怎么可能再去信任其他的老师呢？

"通过这件事，我认识到今后对孩子们讲话，不能随意许愿，一旦许了，就一定要兑现。"孙平如是感慨。

家长暖语：

我的孩子也在"动动数学"班学习，同时我也是一位从事幼教工作多年的教师，我知道发展思维是幼儿教学的核心，思维能力对人的一生有着重要、深远的影响。

数学是思维的体操。可见它不仅只是作为一门学科单一的知识来学习，更重要的是培养孩子的思维能力。无论是在生活中、学习中、还是在思考问题、解决问题时都是与之息息相关的。因此，数学的学习是非常重要和必要的。

对于幼儿教育来说，它是学校教育和终身教育的奠基阶段。依据幼儿年龄的特点，以及幼儿的身心发展规律和学习特点，无论是兴趣的培养还是技能的学习、知识的传授，"动动数学"这一项目的研发占据了幼儿思维培养上不可估量的价值！

感谢信

《动动数学》学习班的小朋友，

我是一个即将上小学的6岁女的家长。可能所有的妈妈都知道，数学对于我们家长和孩子都是不可忽视的学科。因为在以后小学、中学学习过程中非常的重要，也是升学考试中必考的科目。

所以在女儿比较小的时候，我就会有意的给她买一些跟数学有关的书籍、玩具，跟她玩一些这方面的游戏。后来还在幼儿园给她报了珠心算班，对于《动动数学》并不是很了解。一次在等孩子的时候，受老师之邀，听了孙老师任兴趣十几分钟的讲解，大概了解了《动动数学》的教学内容。《动动数学》充满了趣味性的教具和灵活的教学方法吸引了我。我发现这不就是我正在寻找的教育女儿学数学的方法吗。实践证明我的选择没有错，在女儿学习两个月后，不但爱上了《动动数学》，而且在各方面有了很大的进步。

"方形"车轮

　　接下来的日子，让孙平感受到了一回幼儿教育中的"神奇"——"方形"车轮。

　　在复习认识图形的数学活动中，孙平给每位孩子发了一张圆形的纸片，让孩子们沿着圆形的边沿摸一摸、玩一玩，让他们通过自己的亲身体验感受到圆形的边是光滑的、没有角的、面是平的等圆形特征。孙平启发道："因为圆形没有角，因而它会滚动，譬如车轮，小朋友们注意到没有，所有的车轮都是圆形的……"

　　"不是，老师，我见过方形的车轮。"突然，一个名叫李宁的小男孩高高地举着手大声地说道。

　　孙平心里"咯噔"一下，这个既是她没想到的，也是"不正确"的，说不定，还是故意与她"唱反调"呢。想要纠正甚至是批评的话就到了孙平的嘴边，但就在要跳出舌尖的那一刻，孙平又生生地给咽了回去。

　　孙平不由地想起学期之初的那件事来……

　　那是开学后不久的一天，一对年轻的夫妇找到孙平，说为了配合学校教育自己的孩子，恳请孙平将孩子李宁每天在园中的表现记下来，譬如上课是否专心听讲，是否有不良行为，是否团结小朋友等。孙平一想，家长如此重视孩子的教育，自己身为他们孩子的班主任，理当应诺。

于是，孙平对这个名叫李宁的小朋友就多了一份关注，将他在班上的优点与缺点一一记录了下来，在家长来接孩子的时候，交给他们。

一开始，效果确实很好，估计回家后家长表扬了他的优点，李宁第二天来园后，便特别地"表现"，以引起孙平的关注；如果是缺点，第二天，他也能乖乖地改正。

可是，随着记录的时间一长，渐渐地，孙平发现，李宁不仅不再理她，而且还有意地躲着她。

"李宁，这些天你怎么躲着老师呀？"一天幼儿操后，孙平边与李宁往教室走，边拉起李宁的小手问道。

李宁咬了咬嘴唇，不但什么也没说，而且还将小手从孙平手中抽了出去，一个人跑进了教室。

孙平感到有些蹊跷，小朋友一般被老师牵着，会感到非常的高兴，认为这是老师特别喜欢他的一种方式，可李宁怎么会一声不吭地跑了呢？孙平紧走几步，跟上李宁，然后蹲在他面前，温柔地问道："是老师哪里做错了吗？"

李宁仍是咬着嘴唇，一言不发。

"来，告诉老师。"孙平再次拉了拉他的小手。

李宁同样地再次想将手抽回去，但孙平却执意地拉着："告诉老师，老师错了的话一定会改正。"

"你不喜欢我。"李宁看着孙平温柔的眼神，终于开了口。

"老师怎么会不喜欢李宁呢？我可喜欢你呢。"

"骗人。"

"骗人？"

孙平一下愣住了："老师怎么骗你啦？"

"你不喜欢我。"

李宁再次强调后，一转身，甩开了孙平的手，走开了。

很快就到了放学的时间，孙平找到提前来接李宁的妈妈，告诉她李宁这几天情绪不太好，在家里有没有告诉过她或者孩子的爸爸，老师有什么做的不好或不对的地方。

李宁母亲一听，说，她也正想找孙平说说这事呢。昨天晚上，她和他爸根据孙平的记录，刚说了李宁两句，他竟突然对着他们"吼"了起来，说"老师不喜欢我，你们也不喜欢我，我要重找一个新家。"

为什么他会这样说？

在经过细致地了解后，孙平才知道，原来，根据孙平的记录，回到家后的李宁，常常不是挨爸爸骂就是受妈妈批，所以他认为孙平的那个记录本是告状簿；同时，对父母的这种教育方式也是感到"非常失望"，于是，这种情绪在昨天又一次受到"训斥"后，终于爆发了出来。

找到了原因，那就"对症下药"吧。孙平立即向李宁母亲提出，取消"记录"，并告诉她教育的方法和途径很多，没必要非得老师这样"告状"；如果把"告状"和批评的方式改变为鼓励和表扬的方式，也许会更有效。

第二天，孙平再次找到李宁，告诉他，老师从此再也不"告状"了！

搁置下了对李宁的"告状"后，孙平一方面及时发现他的"闪光点"，哪怕是那么一点点，也立即给以表扬，尽力去调动李宁积极的一面。同时，对他的一些诸如无故推搡其他小朋友以此找乐的行为，也及时提出批评，指出错误所在。

如此一个阶段下来，李宁很快就改掉了"调皮"，而成了班上的小"积极"分子。

在这次课上，李宁提出了自己的异议，认为孙老师说车轮是圆的不一定对，还有车轮是方的呢！

想到这里，孙平笑着问道："是吗，你在哪里见过方形的车轮？孙老师都还没见过呢。"

"我在动画片里看见的，那个车小小的，车的轮子是方形的，车里面还坐着一个人握着方向盘，只是，他怎么开也开不动。"李宁说着，自己先笑了起来。

全班的孩子也跟着哄堂大笑。

孙平立即悄悄地伸了下舌头，心中暗自窃喜：多亏刚才没有批评他，这孩子一点都没有与我"唱反调"的意思，而是刚才了解了圆形的特征后，想到了那个怎么开也开不动的方形车轮的车来。

"是吗，老师也注意到了呢。" 孙平说完，又启发全班小朋友说道："李宁小朋友能注意到相同中的不同，我们都应该向他学习，给他赞一个好不好？"

"好。"小朋友们立即鼓起掌来。

李宁则露出一份得意而又有几分羞涩的表情，兴奋地望着孙平……

孙平在当日的教学后记中这样写道："当听到孩子的意见与自己的意见不一致甚至是错误的观点时，不要急于去制止或批评，应该让孩子把话说完，听听他们的理由，了解他们是怎么想的，这样，我们做老师的，也许会从孩子那里受到一些启发，学到一些意想不到的东西。"

　　一位幼教专家在看了这个案例后，深怀感触地说："教师引导孩子主动活动，提高教师的教育技能，其中一个重要的途径就是向孩子学习；孩子给我们提供了转变观念的时间、空间，只要我们时时事事，将观念的转变定位在孩子身上，我们就会获得教育的成功——这就是我们常说的教育的过程就是观念转变的过程。"

对每一个孩子都保持初为人师的耐心

"5" 里面有几个 "1"

这是一个星期天，早晨起来，阳光很好，孙平打算利用这个好天气，去户外走走、看看、玩玩。可是，正当她准备动身时，一名同事打来电话，说她邻居家的一个孩子在上一个"特长"辅导班。据说，那个孩子可以随口快速地说出3位数、4位数十笔的加减结果，而且准确无误，那可是以万为单位的计算啊。甚至加、减、乘、除四则运算，开方等题型，也能随报随答出结果。她准备去观摩观摩，问孙平去不去。

孙平想，如果真的如此，确实非同凡响，于是立即随同前往。

授课是在一间类似于礼堂的大教室里进行，孙平她们赶到时，里面早已座无虚席，她们就在前排侧面的过道里站着，这样，距离近一些，看的也更清楚一些。开始了，果然，一连几个孩子都"准确无误"地给出了答案，看得孙平十分震惊——这些孩子，与其说是在学习，不如说是在表演，那么从容，那么胸有成竹，有些题孙平在心里还没算出来，他们却已报出了答案。

一节课，很快就结束了。

似乎是为了"取经",也似乎是为了"验证",课间时间,孙平走到孩子们中间,将那名孩子搂到怀中,先是说出了几道在她看来较难的题目,孩子就像在刚才的表演中一样,孙平的题目刚一说,他就报出了答案。孙平在表扬了这个孩子之后,看似无意地又"随口"问了他3个问题:

第一个问题:"请你告诉阿姨,2加上几可以得9?"

孩子一愣,似乎没听明白。孙平只好又重复一遍,可孩子仍然眨着大眼睛,不明就里。

第二个问题:"我有5块糖,我比你少了2块糖,你有几块糖?"

这下孩子听"懂"了,立即回答道:"我有3块。"

第三个问题:"你知道'5'里面有几个'1'吗?"

孩子深深地吸了口气,似乎想回答,可是,试了几次,最后还是茫然地摇了摇头。

这下,孙平震惊了,比之前看到孩子们迅速答出那些"以万为单位"的计算还要震惊,怎么会这样?

怎么会这样!

怎么会这样,其实很简单,说明这些幼儿所学习的知识只是表层的记忆,是机械的背诵,像记忆古诗词一样的表层重复,像背诵口诀一样的机械传递,并没有理解数组成的含义,更没有理解加减运算的意义,从而造成了口诀背诵记忆与实际计算相脱节的结果。

我们仔细观察或是回忆一下,幼儿经常是随着老师的演示或是教鞭摇头晃脑地朗诵几可以分成几和几,几和几合起来是几;课堂上"说"得是字正腔圆,"答"得是整齐划一,"背"得是滚瓜烂熟,可当要自己计算时,却一下眨巴上了眼,不知从何处下手了。这种现象不仅幼儿有，即便有的孩子上了小学，也常会出现；不仅数学上有，语文中也有，如我们常常会看到一个孩子将整篇课文背得一字不落、一字不错，可当你指着其中的某个字或是某个句子让其"认"时，他便"傻"了，"识"不出来。

孙平认识的一位家长，她的孩子在入幼儿园前就会背诵几十首唐诗宋词了，她沾沾自喜地向孙平叙述道："我的孩子智力十分超群，不敢说是天才，但一定是个人才，你看，这么小就能背这么多诗词，那要是入了园进了学校，只要老师点一点拨一拨，那一定是班上的尖子生。"

"是吗？"孙平不褒不贬地说道，"孩子能背这些诗词，确实很聪明，但是这并不能代表他有多少'天才'，因为这些诗词是在家长的一而再再而三的教导下，模拟背下来的。当然，孩子肯定是很聪明的。"

尽管孙平前言后语都一再强调"孩子是很聪明的"，但孩子的家长仍是非常"生气"地不服，甚至讥讽孙平道："什么模拟不模拟，你教一个'模拟'的给我看看？没教到我孩子这样的天才你也没必要这样嫉妒呀。"

孙平能说什么呢？只好一笑置之。

过了一段时间，大约是到了那名孩子入园后的期中，孙平再次遇上了这位家长。

这次，这位家长再也没有了当初给孙平描述孩子如何"天才"时的那份神采飞扬了，而是近乎自言自语地说道："怎么会这样呢，这么聪明的一个孩子，怎么在幼儿园里，智力却是一个如此平平的孩子？"

"怎么平平了？"孙平给以理解地追问道。

"他连一些简单的题都不会做。"

"譬如呢？"

"譬如'1'和'许多'他都分不清。"

孙平只好再次笑笑，说："这很正常，许多孩子都分不清。"

"问题就出在这里呀。"

"怎么了？"孙平不解地望着孩子的家长。

"我孩子小时候多聪明呀，孙老师，你不也说过他聪明吗？他连几十首诗词都会背，怎么就连这'1'和'许多'都分不清呢？"

"不是分不清。"孙平说道。

"那是什么？"

于是，孙平耐心地给这位家长讲起了幼儿对"数"的认知过程。一般来说，幼儿对"数"的认知可分为三个阶段，第一是形象运算，如苹果加苹果，小车加小车，糖块加糖块，甚至掰着手指头加；第二是表象运算，这个时候的幼儿不再借助于诸如掰着手指头之类的实物，而在大脑中出现汽球、小车、苹果等；第三是抽象运算，开始用数字来加减。每个孩子都会经过这个过程，只不过有的用时短有的用时长些罢了。

动作是思维的表现形式，我们可以根据幼儿的动作或是要求，来了解他的认知阶段。

"所以说，你的孩子很聪明，也很平常——就是这个道理。"

那位家长沉思了一会儿，似乎明白了，激动地握着孙平的手，连声"谢谢"了起来……

孙平老师通过从不间断地学习扩展自己的视野，以身立教，为人师表

找 "邻居"

　　从幼儿学会口头数数起，他们就有了一个初步的数群概念；到了大班，幼儿开始学习正数和倒数。通过正数的排列，幼儿亲身感知到了正数：数字之间是逐 "1" 递增的关系。

　　相邻数教学的目的是让幼儿掌握自然数列中相邻两数差 "1" 的关系。

　　那么，能不能在幼儿学习正数的基础上，利用正数的顺序来教幼儿学习相邻数呢？孙平做了一个新尝试：

　　在学习正数时，孙平首先让幼儿利用实物反复操作，按照从 1—10 的正数顺序排列出相对应的物体，譬如在桌子上摆放苹果或是乒乓球，每一个苹果或是乒乓球对应一个数字；或者是户外活动时，让幼儿跟她一起玩数小树的游戏，摸到一棵小树，就口数一个自然数……慢慢地让幼儿感知到口中数的数要与手中的物体一致，然后启发幼儿，"2" 比 "1" 多 "1"，"3" 比 "2" 多 "1"，如此类推，"10" 比 "9" 多 "1"。

　　"它们后一个数比前一个数总是多 '1'，这说明后一个数比前一个数是大还是小？"

"大。"

"每个'大'大多少？"

"1。"

这样幼儿在亲身操作过程中，很快就感知到了正数与数之间的逐"1"递增关系。

有了这样初步的感性认识，孙平请家长协助幼儿做了1—10的正数纸板，然后就利用这个纸板开始了对幼儿进行相邻数的教学。

首先，孩子们拿着人手一份的教具（纸板）。

孙平："哪位小朋友能找出比'2'少'1'的数？"

"我！"

"我！"

"我……"

孩子们纷纷举手，说出了"1"的答案。

"那么，"孙平进一步引导道，"比'2'多'1'的数呢？"

"是'3'。"孩子们很快地给出了结果。

"好，小朋友们很聪明。那么，老师还想知道，谁在'2'的前面、谁在'2'的后面？"

"我会！"

"我知道！"

"我说，我说……"

幼儿同样又准确地做了回答。

这时，孙平才明确地告诉幼儿：在这种排列的顺序上，我们就把"1"和"3"叫做"2"的邻居。邻居之间相差"1"，而且少"1"的数排在这个数的前面，多"1"的数排在这个数的后面。

在幼儿明白了相邻数概念的基础上，接着，孙平又启发幼儿找出 3、4、5 的相邻数。

以上是一节课的内容。

幼儿掌握起来也不困难。

难的是——"巩固"。

于是，课后孙平又采用游戏等多种方法练习巩固，让幼儿进一步掌握相邻数之间的内在联系和排列顺序。

譬如，在幼儿活动时，孙平给每位幼儿分组编号，然后按照顺序让他们排列，一组给另一组指出谁是谁的邻居。

再譬如放学时，孙平同样给幼儿编上号，然后让他们各自找到自己的邻居，排好队走出教室……

通过一周左右的巩固练习，在幼儿熟练掌握了"5"以内的相邻数的概念之后，她又利用 1—10 的排列板，启发幼儿用类推的方法，自己找出 6、7、8、9、10 的相邻数。

结果，效果很好，幼儿很轻松地在一节课的时间内就自己学会了。

这时，孙平就想进一步启发幼儿，不限于"10"以内的数。

首先她告诉幼儿，正数时 1—10 的顺序，是后一个数比前一数多"1"，那么，从"10"接着往后数的顺序，也同样是这样的关系（幼儿的口头数数，也就是按每个数增加 1 的方法去数的；暗示幼儿自然数列的顺序是一个固定不变的体系）。

"谁来数数？"

"我！"

"我！"

"我……"

又是一片林立的小手。

"好，你来数。"孙平指着一位穿着花裙子的幼儿。

"花裙子"立即兴奋地数了起来："1，2，3……15……"

"停。"孙平突然打断道，"哪位小朋友知道比'15'多'1'的是几？"

"16。"全班幼儿异口同声地回答。

孙平紧跟着又问："比'15'少'1'的呢？"

"是'14'。"

"好，小朋友们非常棒。"孙平及时表扬，然后接着问道："那请小朋友们告诉老师，'14'和'16'是'15'的什么？"

孩子们一时想不起来恰当的词来表达，虽然之前在教"5"以内的相邻数时孙平就给他们说过"邻居"概念，但这突然的转换，孩子们一时竟然顿住了。

孙平启发道："譬如你们家与隔壁家之间，叫……"

"邻居。"

"对，这里的'14'和'16'都是'15'的邻居。"孙平进一步地说道，"那么'14'比'15'大还是小？"

"小。"

"对，'14'比'15'小，它就是'15'的小邻居。那'16'比'15'大，它是'15'的……"

"大邻居。"

孩子们对这通俗易懂的说法立即报以了一片笑声。

"好，你接着往下数。"孙平示意"花裙子"。

"17，18，19……"

"停。"孙平再次叫停，"小朋友们知道'19'的小邻居是几？"

"18。"

"那大邻居呢？"

"20。"

孩子们异口同声地回答出了答案。

"可是，老师并没有教你们'19'的邻居呀，你们是怎么知道的呢？谁来告诉老师？"

孩子们立即争先恐后地说道："因为我们会数数，我们知道'18'比'19'少'1'个，是'19'的小邻居，'20'比'19'多'1'个，是'19'的大邻居，'18'在'19'的前面，'20'在'19'的后面。"

孙平听了后，心里无比高兴。这说明幼儿真正掌握了相邻数的概念，这说明他们能够灵活运用已学的知识去解决新问题，这说明幼儿的逻辑推理能力提高了……

就这样，进行计算教学探讨的第一个目的，在相邻数的教学中，孙平取得了较好的效果。

这种学习方法是把幼儿的被动学习变成了主动学习，大大提高了学习效率；孙平在两周内完成了"大纲"3个月也未必能完成的学习内容。

学高为师，身正为范

给小动物 "找家"

在正数的基础上教会幼儿学习相邻数之后，孙平又开始从分类教学"试水"。

她先教幼儿认识了三角形、圆形、正方形、长方形，并让幼儿了解它们的不同特征，譬如三角形，共有三个角；圆形像十五的月亮；正方形呢，共有四个角，而且四条边一样长；长方形虽然也是四条边，但分长边与短边。然后她带上他们开始玩"小动物找家"和"开火车"的游戏。

孙平首先在场地上画了四个圈，分别用圆形、正方形、三角形、长方形做上标记，同时为幼儿准备了红、黄、蓝、白4种颜色的图形若干。

教学开始了，孙平先复习一下之前教过幼儿的关于图形的儿歌：

大圆形，圆又圆，
变个皮球滚得远；
正方形，四个角，
方方正正像城堡；

三角形，尖又尖，

像座大山站前边；

长方形，两边长，

横像书本竖像床……

说完儿歌后，孙平将图形撒开，幼儿每人认领（捡起）一个图形，然后模仿着小动物的动作，寻找和自己手中图形一样的"家"，练习按形体分类。

接着，更换场地上的标记，练习按颜色分类。在这个基础上，由一种特征的分类过渡到两种特征的分类、三种特征的分类。譬如，玩"开火车"的游戏，幼儿拿图形当车票，老师说"红颜色的小三角形上来"，幼儿就要准确地判断出自己的"车票"既要是红颜色，又要是三角形，还要是小的。

再接着，孙平又结合识字教学，将分类标记换成了汉字，分类卡上写着红、黄、蓝、白，以及不同大小的三角形、正方形等 6 种图形。在成人的眼里，会认为这 6 种图形的分类最难，其实不然。孙平发现，实际分类中，幼儿觉得最难的，是按大小。因为按大小分类幼儿要先进行比较（两种同类图形比较），然后才能确定谁大谁小。于是，孙平就先让幼儿按形状分类（她们班的幼儿均已掌握了 6 种图形的分类），然后，在相同的形状里区分大小，再进行大小分类。

这样，幼儿很快便掌握了方法，能迅速准确地进行大小分类了。

为了进一步让幼儿进行复杂的分类，孙平又想出一"招"，将分类活动生活化。

首先，她从幼儿每天都要接触到的"食谱"开始（食谱都是文字表述的），餐前教育时，她先告诉孩子们早、中、晚各吃什么，接着，同样与幼儿们一起复习一些有关蔬菜的儿歌——

蒜薹青青细又长，茄子身穿紫衣裳，
柿子高高像灯笼，土豆地下捉迷藏，
白菜娃娃地上坐，黄瓜越老皮越黄，
红绿黄紫真好看，菜园一片好风光。

韭菜长得似麦苗，身子细细很苗条，
风儿姑娘来问好，它们乐得把头摇。
小辣椒，真漂亮，穿红戴绿俏模样，
有的细长脑袋尖，有的胖胖肚子圆。

番茄人人爱，个个红又圆，
看起来像灯笼，吃起来酸又甜。
胡萝卜，地下长，身子细长好营养。
维生素有 ABC，多吃身体长得壮……

然后，她带上幼儿去菜市场，告诉他们这就是茄子，这就是辣椒，这就是黄瓜……待孩子们将文字的表述与实物一一对应上了之后，孙平又在走廊上摆开了"校场"：在走廊的一面墙上画上一列餐车，车上分别标有水果车厢、主食副食车厢、肉类车厢；再分别画 3 张图形，分别为公鸡（表示早上）、太阳（表示中午）和月亮（表示晚上）；然后将幼儿食谱上的图形一一复制下来，剪成小画片，放在专用的小筐中。

"小朋友们，我们今天早餐吃什么？"孙平道，"请从小筐中找出来。"

孩子们很快就从小筐中找出相对应的图形来。

"我们午餐中有西红柿，小朋友们找出来，看看应该放在哪里？"

孩子们很快就找出了西红柿的图形，放在标有"太阳"的餐车里。

"很好，小朋友们真聪明，全放对了。"孙平及时给予表扬。"那老师晚上想吃猪肉，小朋友在小筐中找找看，应该找出什么？"

"老师，我找出来了。"一位幼儿拿着画有一头猪的图片高高地举着给孙平看。

"对，真棒！"孙平立即给以肯定。"那我们应该放在哪列餐车上？"

孩子们非常兴奋地将"猪"放在了"月亮"的餐车上……

这样具体、形象的教学，孩子们一学就会。

于是，为了更形象、具体，孙平除了利用幼儿园现有的教具，还着魔上了自制教具：用沙子做沙滩，别人利用到海边度假或是出差的机会，往家大包小包地"背"当地的特产，可孙平倒好，在海边，竟背了一大袋沙子；用巧克力纸做圣诞树装饰，她将幼儿平时吃的巧克力纸悄悄收集起来，到了圣诞节前夕，她带领着幼儿用废旧纸、布以及小棍、小树枝制作起了栩栩如生的圣诞树；用泡沫制作小舞台。一次她路过一个垃圾桶，发现桶边堆放着不知谁家扔下的可能是包装电器用的泡沫硬板，她立即如获至宝地拣了起来，回到家后经过精心制作，两个"现代化"的舞台便做成了，然后她又用诸如栗子这种粒状的材料制作成人物，分别给他们穿上不同的衣服、戴上不同的帽子、穿上不同的鞋子，教学时，让他们"粉墨登场"，上台表演，将平面的分类教学（多角度分类）变的立体有声有色……这项"教具"，后来在全国幼儿园自制教具评比中，荣获了一等奖。

"总之，我体会到，幼儿的早期教育，不能只局限于课堂课本，现在的幼儿思维活跃，因此，教育方法要跟上幼儿智力发展的需要。"孙平在她的教学日记中这样写道。

桃李不言，下自成蹊

老师"穿"的好看

　　尝到了培养幼儿分类教学的甜头后，孙平更加"如痴如醉"，接着又开始进行幼儿按规律排序的探求。

　　按照《大纲》（教育部《幼儿园教学指导纲要》）的要求，幼儿园小班要学会 AB 规律的排序，譬如，贴上一朵红花，一朵黄花；再贴上一朵红花，一朵黄花。常规的教学，都是老师贴一遍，让幼儿跟着学一遍，贴会了学会了，也就算完成"任务"了。可孙平却不这样想，她想，这样的教学未免有点"刻板"，可不可以试着让幼儿自己设计（规律）排序？

　　一次，她路过一个班级看到小朋友们在老师的带领下正在玩着穿串珠的游戏，就是将一颗颗珠子用线穿起来，幼儿拿什么穿什么，比谁穿的长、穿的多。

　　孙平突然灵机一动：我何不就用这种方法来进行教学？

　　于是，第二天上课时，她首先从最简单的 AB 规律排序穿起，穿上一红一蓝。

　　教学开始了，孙平拿出事先准备好的两种颜色的彩珠，对孩子们说道："今天老师与你们一起穿，好不好？"

　　"好。"童稚的声音透着兴奋。

"老师，我穿好了。"

"老师，我也穿好了……"

孩子们一个个将穿好的串珠举起来出示给孙平看。

"老师也穿好了。"

孙平将自己穿好的珠子拿起来，然后与幼儿穿的放在一起。

"现在老师有一个问题问你们。"

孩子们一个个睁大了眼睛，期待着孙平的"问题"。

"老师的问题很简单，就是这些珠子谁穿的好看？"

孩子们立即非常感兴趣地东一串西一串地"审视"起来，最后，童稚的声音甜甜地齐声道："老师穿的好看。"（有规律的东西对人的视觉冲击力更强，当然是老师穿的好看）

孙平立即引导道："那好，我们现在就来给自己的妈妈穿一条漂亮的项链好不好？"

妈妈的项链孩子们都见过，孙平的话音刚落，孩子们立即动手"表现"了起来（乘此机会，孙平却进入到两种颜色的排序，以期将孩子们的逻辑推理能力向前再推一步）。

穿好后，孩子们争相"邀功"，有用一黄一白穿的，有用一蓝一紫穿的，有用一绿一红穿的，但基本上都还是只停留在 AB 规律上。这时，孙平拿出自己刚才穿好的两种颜色的串珠让孩子们看。孩子们立即情不自禁地赞叹起来！

"老师穿的真好看"。

"老师为什么穿得这么好看？"孙平顺势问道。

"啊，我知道了。"一个小男孩举起了手，"老师是按照两种颜色的排序穿的。"

就这样，孙平从两种颜色同样个数，到两种颜色不同个数，3 种颜色排序，一直发展到了 6 种颜色排序，以至当班上一名刚刚 3 岁的刘妍小朋友举着她穿的串珠给孙平看时，竟是一紫一黄一紫两绿，一白一红两绿，用了 5 种颜色 9 颗珠子来排序。

看着孩子们的"成果"，孙平不由也"瞠"起了"目"、"结"起了"舌"，她没想到，当幼儿掌握了基本规律后，会发展、发挥、发扬得如此之快。

后来，孙平慢慢地发现，通过她的教学，幼儿在玩积塑、插片等玩具时，也有意识地渗透了色彩上的搭配和对称的概念（就连画画涂色也有着一定规律）。乍一看，幼儿只是在玩玩具，但稍一留神，他们却玩得很有"名堂"，不是在随便地拿着插片在插，而是在完成一件物体的同时还想着颜色的"合理"搭配，用什么样的颜色搭接起来最好看。

这种"既培养了幼儿的思维能力，还培养了幼儿的审美能力"的教学效果，大大出乎了孙平的意料。

但光顾着"沾沾自喜"不行，她得要测试一下别的班上的幼儿与她班上幼儿的"差距"究竟有多大。

同样的教具（彩色珠子），同样的要求（穿最漂亮的项链），孙平来到另外一个班。

"小朋友们，今天老师与你们一起穿串珠，好不好？"

"好。"虽然穿串珠已不新鲜，但是孙平与他们一起穿，孩子们还是一个个兴高采烈的。

"那好，老师这里有各种颜色的串珠，小朋友们可以自由选择一种颜色、两种颜色、三种颜色……穿出你们认为最好看的珠串来，好不好？"

"好。"

孩子们的应声虽然响亮，但结果，一连测试了 3 个大班，每个班竟只有三到五个幼儿会按规律排序穿，五分之四的幼儿却都不会。

"怎么会这样？"家长看后，十分"疑惑"或"不服"，"我的孩子是会的，只是老师你事先没说。"

孙平笑了笑，解释道：会穿一个黄一个红这样的模式（排序）在小班就应该会了；我们学的任何知识都是为了应用，"学以致用"这个词相信你们都是知道的，孩子的悟性好不好，关键是看他是否能将知识转化为自己解决实际问题；你的孩子会按规律排序，但不会应用；人与人智商都差不多，要说有差别，差别就在有的会应用有的则不会。

似乎是为了印证孙平的这番"高谈阔论"，另一位家长接过话说，她的孩子在经过孙平所带过的班级学习"结业"后，现在在一家美术特长班学画画，老师经常表扬他，表扬他不是因为他画得好，而是他用上了孙平老师教的"找规律排序"。

"画画也能用'找规律排序'？"先前"不服"的那位家长再次表示"疑惑"。

"怎么不能？"这位家长进一步解释道，"如画'孔雀开屏'，别的孩子画得'花里胡哨''五花八门'，只有我的孩子按照'规律'红绿、绿红，然后再绿红、红绿，这样看上去格外生动、美艳。"

那位家长听后，半天没有吭声，陷入了沉思……

"数学不仅仅是计算，更重要的是培养孩子学习数学的思维能力。"孙平说，"记忆的东西容易忘却，而能力一旦形成则终生难忘。"

教室里随处可见学习教具，孙平老师可以让教室"活起来"

奇怪的 "5"

不知从什么时候，家长自发地将孙平所带的班级命名成了"数学班"，这个班不分班别，也不分年级，只要是孙平带的班，家长们便以"数学班"称之。

为了这"数学班"，孙平进一步探讨起了"守恒概念在操作过程中悄然形成"，在一篇"教学后记"中，她是这样描述她的教学体会的。

"守恒"这个在过去教学中往往被忽视的概念，在现阶段的数学教育中被越来越多的人所重视，因为它对幼儿形成初步的数的概念起着不可小觑的作用。

幼儿在认识物体的数量时，往往受到物体的体积和物体空间排列形成的影响，他们不是根据物体的数量来判断物体的多少，而是根据物体的体积大小和物体的摆放分散、集中来判断的，如幼儿说"5 个西瓜比 5 个苹果多"等，幼儿产生这种错觉，是由于缺乏逻辑推理和缺乏对数的实际意义的理解，说明这时期的幼儿对数的认识处于直觉思维阶段；面对中班初期的幼儿，能否培养从逐一点数过渡到在不同的排列形成的空间中按群点数，正确判断物体的数量？从常识教育"丰收的季节"和美工活动"秋天的水果"中孙平受到了启发：为何不用幼儿熟悉的、又是亲手绘制的物体来尝试一下呢……

孙平的"尝试"是这样的：首先，她把幼儿前几次的绘画作业"秋天的水果"（苹果、葡萄、柿子、桃子等）都拿了出来，让幼儿把它们剪下来，要求是每个幼儿剪出5个相同的水果；具体这5个水果是什么，幼儿可以自由选择；能力强的幼儿，孙平引导他们剪葡萄，能力差一点的幼儿看见后也想剪，没关系，让他剪好了，剪坏了，也没关系，换成苹果再来剪；结果，每位幼儿都剪下来了难度不同的5个水果。

接下来的要求是：幼儿把剪下来的水果在桌子上随意摆，变换着方式摆；同桌的小朋友可以互相换一换不同的水果，再重新摆；摆一次数一次。

"很好，现在老师开始检查了，看看谁跟老师摆的不一样。"孙平将自己摆放的水果出示给幼儿们。

一阵的"嚓嚓"声后，孩子们争相告诉孙平，他们与老师摆的不一样；即便一样，也立即做了更改。

"好，现在，请小朋友们互相检查一下，看看你与同桌摆的是不是一样？"

孩子们立即互相检查了起来。谁知这一检查，令孙平有些"啼笑皆非"起来，因为摆的一样的，谁也不服。

"老师，他跟我摆的一样。"

"不是，老师，是他跟我摆的一样。"

"好，之前你们谁跟谁摆的一样，老师没看到，现在，让老师看着，你们再摆一次……"

一场"干戈"总算被孙平化成了"玉帛"。

就这样，摆着、数着，数着、摆着，孩子们的情绪非常激昂、兴奋……

看看时候差不多了，孙平问道："小朋友，你们摆来摆去的，什么在变化，什么再怎么摆也没有变呢？"

短暂的静默。

这短暂，不过几秒，接着，就炸开了"锅"。

"老师，我摆的样子在变，苹果没有变。"

"老师，我的葡萄也没有变……"

孩子们纷纷踊跃地举着小手。

孙平进一步地问："苹果的什么没有变？"

"苹果的样子没有变。"一位名叫李伟的小朋友立即举起小手说道。

可他话音还没落，洪天宁小朋友大声地说道："苹果的数没有变，怎么摆都是 5 个。"

"对，完全正确。"孙平立即肯定了洪天宁小朋友的答案。

接着，孙平又问："你们摆的东西有什么不一样的地方？"

"水果不一样。"

"大小不一样。"

"颜色不一样。"

"我们摆的形状不一样……"

孩子们七嘴八舌地你一句我一语。

孙平立即给予表扬，同时又一次提出问题："小朋友们真聪明，知道这么多不一样的地方，那它们之间有没有一样的地方呢？请小朋友们帮老师再找一找。"

片刻安静之后，冯楠楠小朋友第一个举起了小手："老师，我们摆的东西都一样多。"

"什么一样多？"孙平立即追着问。

"是数一样多，都是 5 个。"

"对，是数一样多，都是 5。"

孙平正要准备小结一下孩子们刚才的回答，突然，一个小男孩举着小手说道："老师，还有一个一样的地方，就是我们摆的都是水果。"

这个答案可不是孙平事先备课时备到的，没想到，幼儿能在排除物体的大小、颜色和排列形式的干扰，正确判断物体数量的同时，还能概括出物体的总称"水果"，这下，孙平真是打心眼里往外乐。

"你说的非常正确；小朋友都要像这样多动脑筋，从不同中找到它们的共同性。"孙平用赞赏的眼光及时肯定了这个小男孩，然后进一步引导说："小朋友们，你们想把你摆出的水果放在什么地方？"

又是一片叽叽喳喳……

"我想摆在窗台上。"

"我想跟老师的一样摆在墙上（壁柜）。"

"我想带回家摆给爸爸妈妈看……"

"行，行，行……"

孙平笑着，全部一一满足了孩子们的要求，说带回去的就让带回去，说放在窗台上的就让放在窗台上，说像孙平一样摆放在"墙上"（壁柜）的，就让他们摆放在"墙上"（壁柜）……孩子们上上下下，孙平也跟着上上下下，不大一会儿，各种大小不同、颜色不同、排列不同的"5"展示出来了……

"你看，这是我的 '5'。"

　　"那个，是我摆的。"

　　"这是我做的……"

　　班上来了其他幼儿或是家长来接他们时，孩子们会主动兴奋地指着说哪个"5"是自己摆放的，而且他们之间也互相介绍自己的作品给对方家长看，同时，还"别出心裁"地给这面"墙"起了名：

　　"水果'5'"

　　"奇怪的'5'"

　　"不变的'5'"……

　　就这样，"守恒"这个抽象的概念，在幼儿的动手中，不知不觉地形成了。

新竹高于旧竹枝，全凭老干为扶持

"班长"病了

工作几十年来，连一次事假也没请过的孙平，这次，却真的不得不请病假了……不长的时间，母亲走了，婆婆去了，接连的打击，孙平再也支撑不住，终于倒下了。

母亲是突然去世的，那天一大清早，电话突然响了，在这宁静的清晨，听起来格外尖脆、急促、惊人。

"姐，你快回来，妈不行了。"是弟弟的声音。

"什么？你说什么！"

"妈不行了，我们现在在医院。"

电话是怎么挂上的，孙平大脑中一片空白……

一路"狂奔"，5 个多小时后，她终于从北京赶到了家乡安阳。

母亲静静地躺在病床上（已病危，从重症监护室即俗称的 ICU 转到了普通病房），插着呼吸机，弟弟说，应该还有意识，但说不了话了。

"妈——"一声"妈"，孙平喊得肝肠寸断。"我回来了，你的小平回来了，你睁开眼看一眼啊，妈！"

可是，母亲仍静静地躺在那儿。

"你怎么不跟我说一声，就这样了呢啊，妈……"

窗外飘过的风听到孙平这一声声泣不成声的"妈"，掩不住悲痛，悄悄地躲到枝叶后面抹起了泪，不知什么时候，下雨了……

母亲就这样在孙平一声声呼喊中，轻挥着衣袖，带着一脸的笑意，作别了孙平，作别了儿子，作别了丈夫，作别了窗外的雨、户外的风、天上的云。

回到北京的孙平，还没来得及从丧母的悲痛中走出来，婆婆的病情又恶化了。

婆婆早在去年就查出了癌症，而且是晚期。

为了让婆婆安心度过最后阶段，孙平不得不打起精神，从丧母的悲痛中耸身一摇。她与爱人特地将婆婆接到了北京，住进了离他们家不远的医院，方便自己下班后过来陪护。

看着孙平上班忙教学，下班忙母亲，爱人心疼不已，对孙平说道："你不用这样勉强自己，看你瘦的……"

"我没能给我母亲尽上孝，你就让我将那份孝心尽到婆婆身上吧！"孙平真情地说。

爱人还能说什么呢，除了感动，还是感动。

"你的妈，也是我的妈，一家人，你'感动'什么！"孙平笑着安慰爱人说道。

爱人轻轻伸出手揽过孙平，将她紧紧地抱在胸前……

婆婆是带着笑意离去的，即便在那"癌"啃着她的骨噬着她的心的时候，她也是一直微笑着——多么坚强的婆婆啊！

婆婆去世后，孙平常常站在遗像前，一看就是半天，想着婆婆往日的音容笑貌，于是，那首《母亲》的旋律，在孙平的心中，不由缓缓地升了起来，如丝如缕：

你入学的新书包，有人给你拿；
你雨中的花折伞，有人给你打；
你爱吃的（那）三鲜馅，有人（他）给你包；
你委屈的泪花，有人给你擦……
啊，这个人就是娘，
啊，这个人就是妈！
这个人给了我生命，
给我一个家……

接二连三的打击，孙平再也支撑不住，终于倒下了，工作几十年来，除了因为婆婆、母亲的这两次丧假，她可是连一次事假也没请过呀。

家长们听说"数学班"的"班长"孙老师（班长是幼儿园老师们互相之间对"班主任"的一种昵称）病了，一边纷纷表示慰问，另一边，却深感焦虑：孙老师病了，那我的孩子怎么办，她可就认孙老师的数学呢。

尤其是佳佳的家长。

佳佳幼儿园"毕业"了，下学期就要升小学，可是，当时稍有点"名"的小学都不说"人满为患"吧，但至少可以说"爆满"，另一方面，哪个家长不希望自己的孩子能接受到最优质的教育呢。于是，学校只好采用一种"不公平中的公平"的办法：测试。可佳佳在第一轮测试中就被"淘"了下来。佳佳的父母经营着一家公司，不仅有"社会关系"，更是"不差钱"。可是，没有"分"，再硬的"关系"再多的"钱"

也没用。

　　好在，也许是被他们望女成凤的一片真情感动了吧，最后教务主任半是玩笑半是认真地总算开了一个"口子"："这下感到钱不是万能的了吧！这样吧，一个月后我们还将组织一次测试，让你的孩子再参加一次吧。"

　　"千恩万谢"之后，佳佳家长深感这是一次来之不易的机会，一定要珍惜，于是，他们找到了孙平。

　　孙平有些为难，不仅是因为她的"丧痛"，而是佳佳的基本"概念"太差。大班的很多数学概念是在小班、中班的基础上建立起来的，而佳佳，却是一片空白。数学包含着由概念所构成的许多等级，任何一个特定的概念都是在它的基础概念形成之后才形成的，如果不理解它基础的低一级的概念组成，也就不可能理解它本身，这就是数学严密的逻辑性。可看到佳佳家长那恳切而殷殷的目光，孙平将到了嘴边的"拒绝"想想又咽了回去，改口道："我只能说我尽力。"家长立即表示感谢。"先别忙着谢，"孙平说道，"虽然我能让孩子应付得了眼前，但不可能应付得了长远，后面还得孩子自己努力呀。"

　　家长立即连连点头称是，也不管听懂孙平的意思还是没听懂。

　　经过一段时间的"临阵磨枪"，虽然佳佳的成绩有了"突飞猛进"，但眼看下周就要考试了，女儿最钟爱的孙平老师却病倒了，所以，佳佳家长才有了如此的焦灼。

　　"这可怎么办呀？"

　　"你别担心，"孙平安慰道，"她现在完全可以应付这次考试了，如果有什么不懂的，可以到我家里来，我教她。"

　　看着孙平原先红润的脸颊，现在却变得一片苍白；原先丰润的身材，现在，瘦得却只剩"皮包骨"；而且一边养着病还要一边如此辛苦地"工作"，佳佳家长的眼泪再也忍不住，夺眶而出……

　　几天后，佳佳顺利入学，虽然成绩刚刚达线，但总算没有辜负家长和孙平的期望。

每一天工作都神采奕奕的孙老师，不将任何个人情绪带给孩子

感谢信

我是一名病的家长，本学期听动动教学组同仁们的，在不知下学期开始的时候，我糊里糊涂地来此坐定了，与所有教师交流的朋友谈起，他们向我们介绍了动动教学，我粗略看了看教材，通过内容排比比较有趣，真正有兴也并没有项目感兴趣学少数学知识，抱着这样的心理，我们开始了动动数学的学习。从第一周开始，老师生动的讲述和孩子的共同学习，效果来的可以到得知，临着困难进入，孩子越来越喜欢动动数学了，孩子的各种能力加分类，比较，找规律，数的分解与组合，尤其代数等学能力也有了长足的进步，动动数学让我有新的一种全新的感觉，而且以如何运用在生活中的数的知识入手来培养孩子的数学思维能力，最主要的是孩子以为数学枯燥，不太喜欢，动动数学有了双目的兴趣，每到周末的时候都期盼着上动动数学，那一页页逐应孩子，同时因为教材把他们一个游戏世界，孩子在敬业地做着我们习时，不仅不觉地到了为身有困难的时候，我也同样感到了孩子在数学方面的进步，可以这样想，动动数学有自身一种适合孩子承担数学训练法，在教材的编排、知识的营销方法之面深会看出到了我的心理，促进学龄前小孩子习，而具体做到对教材的认同感，对这不仅数学启蒙以至将来孩子对数学方面的学习将大有裨益。

"动动"的不仅仅是"数学"

好在，这时一封"邀请函"，如一场春雨，及时润泽了孙平那片干涸的心田。

"邀请函"来自女儿就读的美国洛杉矶大学。

之所以"邀请"，是因为女儿用一年的时间完成（通过）了别人用两年时间才能完成的研究生课程，并以优异的成绩毕业。学校为了表彰她的"优异"，特地邀请她爸爸妈妈前来参加她的毕业典礼。

女儿一直是孙平的骄傲。

女儿从小很聪明，而且还曾是中央电视台银河少儿合唱团成员（一直到读初二时才退出），可是，这聪明的女儿，却让孙平心中一直存留着一份"遗憾"。

在做计算题时，女儿常常将3-2看成了3+2，将41看成了14；有时连题看都没看完整，就给出了答案，如河里边有5条大鱼，又游来了2条小鱼，问大鱼比小鱼多几条，小鱼比大鱼少几条，她却只看到了前面一问，而忽视了后面还有一问。其时，她只是以为女儿"马虎"，现在看来，这"马虎"的背后，实际上隐藏着的，却是一种习惯，一个人的计算能力强与弱表现在两个方面：速度与准确率。用时短、快，但是错误，或是做的很慢，结果正确，这都不能算"强"。

也就是说，女儿不是"马虎"，是没有形成一个好的习惯，基础有些不好。

数的分解组成与 10 以内的加减运算在幼儿阶段就要养成，如果在幼儿阶段培养了这种能力，那么入学后，就会少一些这样的错误。

可是，女儿现在早已长大，作为母亲，她已经失去了对女儿在这个"最佳阶段"的能力培养，只能用"遗憾"这两个字来表达；但作为老师，一名幼儿老师，年年面临的，却都是这个年龄段的孩子，将心比心，"我何不将对女儿的遗憾，弥补在我每天都要带的这些孩子身上！"孙平想，"绝不能让在女儿身上的遗憾，留给这些孩子们。"

想到就做。

于是，孙平从那时便开始了一段二三十年的幼儿数学教学的探索之路。

但这"遗憾"两字，丝毫也没能淹没女儿的"聪明"，高中毕业后，女儿以"全班唯一"被加拿大一所大学录取，本科毕业后，又以"全班唯一"考进了洛杉矶大学。虽然心中偶尔会泛起一丝丝小时候没能对她进行更好的"幼儿教育"的"隐痛"。

经过十几个小时的飞行，孙平走下飞机，女儿见到才一年多没见的昔日"多姿多彩"的母亲，竟然变成了如此模样，不禁愣住了。

那位笑容满面的母亲呢？

那位歌声不断的母亲呢？

那位神采飞扬的母亲呢……

"妈——"女儿扑进了孙平的怀里感慨不已。

孙平搂着女儿，轻抚着她的背，安慰道："没事，妈没事。"真的没事。

也许是见到久别的女儿的缘故吧，孙平的"病"一下子就好了，真是"容光焕发"啊。

爱人见孙平心情"大好"，便决定自己先回国，一边按期销假，一边去幼儿园替孙平再续上点假期，让她在这里与女儿多待些日子。

可是，爱人刚回到单位，便得到了一则让他既兴奋又有点儿担心的信息：像孙平这样的老师（女性满50周岁），可以提前内部退休。

犹豫了两三天，爱人还是将这个信息短信告知了孙平。

孙平乍一看到这条信息，本能地立即"拒看"，在她看来，自己离退休还早着呢。觉得自己永远是那么年轻，这是所有幼儿老师乃至基础教育的工作者们的心态（"通病"），可是，女儿看了后，却少有地"认真"地告诉孙平，可以考虑。

这些日子，孙平将自己的"心力交瘁"一丝不落、原原本本地一古脑地全都"抖落"给了女儿（女儿就是与母亲贴心），因而，女儿知道她的心结：一方面想研究"动动数学"，一方面却又要顾忌园里既定的条条框框。

而说到"动动数学"这几个字，最初还是女儿首先提出来的。

那是孙平在"诉说"完自己的"理想"之后，女儿随意地归结了一句，说："妈，你说到现在，说来说去的数学，其实就是动手动脑的数学，'动动数学'么！"

说者无心，听者有意：这岂不是对自己这些年在幼儿数学教学中所探求的最言简意赅的概括吗？

"动动数学！"

对，就是"动动数学"。

"妈，你现在精力与体力都不再适合当'拼命三郎'了，再说，幼儿教师特有的形态语言和肢体动作……"

"什么形态语言与肢体动作？"孙平虽然听明白了，但仍心存不甘。

女儿撒娇地搂住孙平的胳膊："形态语言的和谐自然，肢体动作的优美舒展，从客观上来讲，与人的年龄不无关系，长江后浪推前浪，幼儿教师的年轻化，是时代潮流发展与幼儿审美追求的必然趋势，妈，让位给年轻人，不仅是你的高风亮节，也是你适应时代发展的辩证法，况且，专研你的'动动数学'，形成理论或专著，这也不枉你几十年数学教学生涯呀！"

对女儿的这一番"教诲"，孙平陷入了沉思。是啊，现在自己的身体，真的不再适应既要正常教学，又要进行研究了，再说，女儿现在研究生毕业了，下一步是寻找工作，再远一点，要生儿育女——作为母亲，女儿生产，我不可能袖手旁观，有可能会再一次来美国照料。而幼儿园工作，需要的，是稳定性与连续性。

她决定听从女儿的建议：提前退休，钻研"动动数学"。

于是，她开始"五味杂陈"地提笔写起了"内退报告"：

此时此刻，我的心情很不平静。要提出离开工作近30年的岗位，如同要离开生活近30年的家乡，30载风霜寒暑，可以让天空无痕，但30载朝夕相伴，却不能心中无情；

30个年轮镌刻着我一生中最美妙、最灿烂、最阳光、最青春的岁月；30个年轮镶嵌着我的汗水、我的欢笑、我的激动、我的自豪……

近日，我常常回顾离我渐去渐远的风景，思考着它的意义，我很幸运，能在蓝天宽阔的摇篮中生存和成长；我很自豪，能在蓝天宽阔的空间中尽情地翱翔……作为一名幼儿教师，我总在想，若干年后，孩子们会忘却我和我授予他们的知识。但当我这个人和我授予他们的知识被忘却后，留下的痕迹应是某种素质或某种能力（否则，幼教工作将会失去其真正的意义）。我认为，人生的意义应在于去追求比生命更加久远的东西。正是在这种认知的支配下，日复一日，年复一年，用心血去浇灌和滋养着未来。这个未来我可能看不到，但我感到很充实，我感到很满足。不管教育前面附加上多少华丽的词语，它的落脚点永远是"教育"。我做了，认认真真地做了几十年，自豪的是我严谨敬业的精神，沉淀的是我自强不息的尊严，无愧我心，无愧于蓝天幼儿园。

在叙述了一番"难舍难分"的"离愁别绪"之后，孙平进一步地包含深情地写道：

说句真心话，下决心提出申请的瞬间，我的心一下子空空荡荡。这个时候，我才真切地感到，"蓝天"已成为我生活的一部分，已成为我生命的一部分。虽然我也曾有过牢骚，有过不满，有过疲惫不堪，但这都是出于爱之深、言之切吧。

今天，当我即将要离开它的时候，从更高的格局和远距离地去俯瞰我和我生活过的集体，欣赏我和我们的幼儿园时，凸显的，全是美好，凹陷的，全是留恋：这是一个给人以激情的团队，同事、同仁、同伴们凝聚着一种追求，那就是为未来而工作，去交换比生命更加久远的东西。

最后孙平写道：

我人虽然离开了，但我的心，却将永系"蓝天"！

报告正文写完了，可是，在落款时写下"2005 年"后，孙平却怎么也下不了笔了，想到马上要退休了，孙平再也待不下去了，因为如果真的退了，那就意味着她要与她工作了几十年的蓝天幼儿园"告别"，而现在，离暑假还有近一个月，既然决定"退"，那就让自己在"一切为了孩子，为了孩子一切"的氛围中，再多待上一些时间吧！

于是，她不再"听从"女儿的"再玩一玩"的建议，立即动身，返回中国，返回蓝天幼儿园……

2005 年 5 月 13 日 美国 C.L.U. 硕士毕业典礼留念

4:57PM

孙平老师夫妇参加女儿毕业典礼

"幼小衔接"

听说孙平"退休"了，一时间，各种各样的诸如房地产、设计、广告当然也有教育等公司和机构，通过各种途径，向她伸来了橄榄枝。当时，尊重知识，尊重人才，已蔚然成风。孙平没想到，自己如此简单平凡的一个幼儿教师，竟然会受到这么多人青睐。

讶然、感动、兴奋。

但也很冷静……

自己退下来的初衷，是为了有时间更加集中精力研究自己的数学教学，也就是女儿无意中说的"动动数学"，虽然也想给自己一个"别一般的生活"，而且那些"公司"所允诺的待遇确实也很诱人。

不走出校园，孙平怎么也不会想到，家长们为了孩子，是怎一个"忙"字了得。先是爷爷奶奶、外公外婆、父亲母亲甚至还要加上七大姑八大姨，穿梭于各家培训班进行选择；选定了学校，又开始选择老师；选好了老师，还要接送……

同时，怎么也想不到的是，这些孩子虽然幼儿园"毕业"

了，可是，所掌握的"知识"，却远远没有"毕业"；一旦入学，会让老师至少要花半学期甚至一个学期来补习本应该在幼儿园阶段所完成的知识内容；况且，"入学"还要经过"测试"，孙平亲眼看见过一所小学对即将入学的孩子进行测试，报名者竟达 2000 余人，那场面，一点儿也不亚于高考；而实际上那所学校只招收 90 名新生。

即便这样，那所学校的一位老师在孙平面前还是抱怨道："这些孩子虽然测试成绩过了，可到了学校，幼儿园所学的与一年级所学的，还是脱了节。"

脱节？

"如何在幼儿园与小学之间架设一座桥梁，这不正是自己这么多年一直在研究的课题么？"

于是，她对外打出了"幼小衔接"的招牌。

广告一出，家长带着孩子立即"趋之若鹜"，弄得孙平不得不对孩子也进行了"测试"选择。

她出的试题只有一道：画上 3 条彩色飘带，对孩子说黄

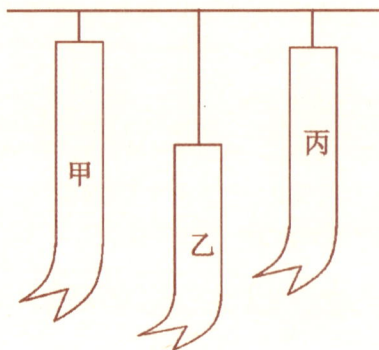

色比红色长，绿色比黄色长，问这三条飘带（甲、乙、丙）哪条是红色，哪条是绿色，哪条是黄色?

乍一看，很简单，再一看，不简单，这不是一道简单的计算题，如果幼儿没有一些逻辑推理能力，是很难正确地回答出来的。

事实也正是这样，孙平在测试过程中，很多孩子要么答错了，要么咬着指头半天不吱声。

而大小、长短、高矮等知识，是对幼儿园小班的要求。

这不由让孙平想到前不久看到的一份资料，说联合国基金会和国家教委合作的一个科研项目"幼小衔接"，曾对我国 7 个地区即将入学的孩子进行了数学能力测查，结果数学知识方面（基数、序数、数字、加减、辨认几何图形等）平均得分是 70.5，数学思维能力（分类、排序、守恒、推理、找规律等）平均得分是 40.8。

由此可见，幼儿数学中发展思维能力的任务是如何的紧迫和现实。

而形成这一现象的原因，孙平想，不外乎这么几个方面:

一是只重视数学知识的传授，而忽视了思维能力的培养。有些家长认为孩子会做多少道题就是数学，其实错了，因为仅会做加减乘除运算题，只是一种计算。机械的记忆和口诀代替不了对数学概念的建立与理解。

二是数学的抽象性和幼儿思维的形象性不好对接。数学作为基础教育中必修的一门重要课程，也是幼小衔接中重要的一部分，因此，数学是幼儿园教学的重点和难点。难主要难在数学的抽象性和幼儿思维的形象性不好对接，讲深了孩子听不懂，讲浅了，又会造成概念不准确和不严谨甚至错误。

例如相邻数中的好朋友与数的组成中的好朋友。

三是老师自身的原因。数学毕竟是专业性很强的一门学科，这就要求老师要有一定的数学基础，如果自己的概念都是模糊的，又怎么能给孩子讲清楚呢？所以很多老师都很怵上数学课，更很少上观摩课。因而数学这个重点学科，普遍成了幼儿园的弱项，导致很多孩子在数的概念形成过程中出现断层。

四是教材不规范。孩子上学后，在十几年的学业中，数学是你想学不想学都得必须要学的必修课程，和你的兴趣无关。数学虽是学校的重要课程，但在幼儿园"教育纲要"和"五大领域"（健康、语言、社会、科学、艺术）中，数学并没有单列出来，数学只占了科学领域中的一小部分，首先在量上就有极大的差别。再者"纲要"中对数学提出的只是纲领性的内容与要求，老师们也都知道培养思维的重要性，学校的教材是统一的，但由于幼儿园至今还没有统一规范的教材，老师们没有可具体操作的载体，所以幼儿园在"各自为政"，各取所需……

教材！

教材？

想到这，孙平一下傻眼了……

"现在，学生招起来了，开学日期也定下了，教学用书呢？我拿什么来给学生上课？"

原先只是想着要将自己的"动动数学"教给学生，可是，这教，"空口无凭"呀，人家"巧妇"还"难为无米之炊"呢。

幼儿园有幼儿园教材，小学有小学教材，如果是幼儿园或是小学，她还可以发扬发扬"拿来主义"，临时救下急用。

可这幼儿园与小学之间的衔接，空白地带啊，"手"伸得再长，也无"拿"可拿呀。

怎么办？

怎么办！

"不办这个班？"

显然不行，测试过了，名报了，现在却不办，不仅对学校没法交待，对社会更是不好交待。

"延期开学？"

可再怎么"延"，最终还是得要有"材"呀。

孙平的眼前反复叠映着家长们那期盼而焦虑的眼神……

"编！"

"自己编！"

将自己这30多年的"动动数学"教学经验全都编进去……

整理"动动数学"教具的孙平老师

感谢信

跟每一位望子成龙的家长一样，我也让我的儿子尝试过许多早教习班，但并不是每一样学习方式都适合他，也许他过于活泼好动，不能像一名小学生那样安安静静的上课和学习，所以有些课程如果过于束缚，会使他十分厌倦，这使我深深体会到，选择即有兴趣又能开发智力的课程的重要性。

而动动数学正是他最喜欢的一门课程，他喜欢放松的课堂气氛，喜欢通过形象感很强的游戏轻松地学习，我能感觉到他的快乐和进步。同时它让孩子在愉快的环境中展开思维想象，并逐步引导学龄前儿童走进正规的课堂。

轻松地学习，快乐地进步，寓教于游戏中，动动数学独具特色的教学方式，可以让孩子在愉快的环境中展开思维想象，并逐步引导学龄前儿童走进正规的课堂。动动数学是我为我这好动的儿子作出的明智选择！

数学是思维的体操

可是，真的开始编了，孙平却迟迟没有动笔；她在思考：孩子们为什么要学数学？我们又要怎么样教孩子学数学？

首先是孩子们为什么要学数学？

智力包括观察力、记忆力、想象力、思维能力和口语表达能力，它属于一个人的认知能力。思维是人脑对客观现实概括的、间接的反映。而数学，是研究客观现实的数量关系和空间形式的。

数学是思维的体操。

思维的很多名词与数学有着高度的重叠，譬如思维过程，分析、综合、比较、抽象、概括和具体化；譬如思维的基本形式，概念、判断和推理。而数学思维能力则有分类、排序、守恒、推理、找规律等。

因而，数学对发展幼儿的抽象思维具有其他学科所无法替代的特殊价值。

幼儿时期是智力发展的最佳时期。智力的核心是思维。不同学科的知识对促进幼儿智力的发展都起着重要的作用，但由于数学本身的特点是具有高度的抽象性和严密的逻辑性。 这是其他任何一个学科所不具备的，因此它对发展幼儿的抽象思维所起的作用也是其他学科无法替代的。

为什么小学入学测试中有百分之七十以上是数学方面的内容，因为数学最能反映出一个孩子的思维能力和思维水平。

因而，我们幼儿教师，要有意识地利用这种特殊的价值去启迪幼儿的思维。如果老师在教幼儿积累数学经验、探索数学知识的过程中，能有意识地利用这种特殊的价值去启迪幼儿的思维，初步发展幼儿主动探索和获取新的数学知识的思维能力，这种学前准备将是更为基本和重要的。

数学教育的重要任务是发展幼儿智力。

智力的核心是思维能力。

思维的重点是思维过程。

培养幼儿的思维过程是数学教育的重要任务。

其次，怎样教孩子学数学。

给孩子一种方法，让孩子自己去思考；给孩子一种工具，让孩子自己去创造！

让孩子在观察比较的过程中学会抓住事物的共同特征；让孩子在寻找规律时学习运用规律进行知识迁移；让孩子在反复的动手操作中学习初步的抽象、概括和推理等。

学习数学看似是在学习数学知识，其实是在学习数学思想，授人予鱼不如授之以渔，给孩子一堆数学知识不如给孩子一种思维工具。

如果教师能在有限的数学知识的传授中，以数学思想为主线，有意识地启迪孩子无限的思维，让孩子脑子里逐步形成几种思维工具，并能熟练地使用，从而能动地接受获取数学知识，对孩子来讲，这种思考过程所产生的成就感、自信心，是其他事物很难代替和达到的。而这种能力上的准备是基础性的，也是幼儿数学教育的真正目的。

想好了这两个问题，孙平进一步地思考：我所编的这套"动动数学"与其他教材相比有什么独特性？

思维之道就是智慧之道，方向比努力更重要。

第一，教材的立意（广度和深度）要不同："动动数学"创作的理论基础是依据幼儿园教育纲要，创作的宗旨是为孩子搭建可持续发展的思维平台。

第二，教材的内涵要不同：系统性——要用系统化的知识内容去发展孩子的思维结构；深刻性——目标指向明确。孩子学习的应是他需要持续使用的最基本的方法类工具。幼儿掌握某些具体的数学知识只是一种表面现象，发展的实质在于幼儿的思维结构是否发生了变化，如果教师能在有限的数学知识的传授中，以数学思想为主线，有意识地启迪孩子无限的思维，这才是幼儿数学教育的真正目的，因为思维能力对人的一生有着重要的、深远的影响。

第三，教学的方法要不同。"动动数学"的教学方法是孙平 30 年一线教学经验的总结。

趣味性——脑子"动"。

要想让孩子对数学感兴趣，那么数学课就要有乐趣，寓教于乐，是孩子最容易接受、最乐于参与的一种教学模式。我们的数学课，看上去像手工活动，比如：孩子在圈圈画画中学习分类、在剪剪贴贴中学习排序、在摆摆放放中感知量的守恒和量的推理等。让孩子在亲自动手操作的过程中，获得感性知识，能动地构建数学概念。

幼儿阶段想象比知识还重要，给孩子一种好奇，让他自已去开发兴趣。"动动数学"将问题作为思维的导火线，趣味在这里成了问题情景剧，使孩子们始终处于问题的情景之中，而问题的设定又是那些司空见惯的生活现象。老师用一连串为什么的追问，点拨着孩子平日里眼中有、思中无的东西，孩子们在是什么、怎么样的自问自答互问互答中，使思维在疑问中扩散，在好奇中升华。让孩子自己去享受思考的快乐，理解的快乐，运用工具的快乐。让孩子成为学习的主人。

操作性——双手"动"。

幼儿学习数学，要依靠具体形象的思维和作用于事物的动作，根据这个原则，我们把要让孩子掌握的有关知识都尽可能地转化成可操作的材料，玩中学，玩得有目的，玩得有要求，玩得有主题，玩得有规则。

让孩子在亲身操作的基础上将外在的动作进行浓缩和内化，最终在头脑中进行抽象和概括，能动地构建数学概念，感知数学思想，让思维工具使用得习以为常，相沿成习，从而达到熟练使用思维工具的目的。

迁移性——知识"动"。

我们看孩子知识掌握得活不活，通常指的是孩子由此及彼的能力，实际上是孩子知识迁移的能力，是孩子知识迁移的意识。培养孩子运用思维工具的能力，在教学方法上以知识迁移为重点。例如：规律排序、相邻数、数的组成、日历的应用题，"动动数学"知识的内涵要非常饱满，学科的穿插要非常活跃，要让孩子们的思维快乐地跟随着问题流畅地滑动，在想象与联想中，形成思维的路径依赖。运用4种工具自然地进行着知识的迁移。给孩子一种工具，让他自己去创造奇迹。

第四，"动动数学"要朴实无华。

"'动动数学'就像我 30 年来孕育和养育的女儿，她的外表并不漂亮，也没有华丽的服装和妆饰，但是我要负责任地说，她很细腻、很内秀、很朴实，她的内心世界是丰富多彩的。"孙平说道。

因为要与小学接轨。

于是，自然地，孙平思考起了"动动数学"的教学目标——想来想去，最终，她确定了这么几条"大"的目标：

1. 激发幼儿对数学的兴趣。

2. 养成幼儿思考的习惯和领悟学习的方法。

3. 搭建幼儿入学后学习数学的基础框架。

4. 为幼儿入学后学习奥数做热身铺垫。

接着，她又细化到每册目标：

第一册、第二册：主要是形象思维和空间思维的培养。

第三册、第四册：主要是数的基本概念和抽象思维的培养。

第五册：对前四册内容的复习巩固，并有一定的延伸和提高。

第六册：20 以内的口算练习，提高幼儿的计算能力。

教学目标有了，孙平接着更进一步地思考起每册的具体内容来——

第一册：找相同、找不同、观察分类、比较、规律排序等。

第二册：以自身为中心区分左右，以客体为中心区分左右，学习几何图形、量的守恒与推理等。

第三册：认识钟表，认识日历，学习等分、自然数、单双数、相邻数、数的比较、数的守恒等。

第四册：数的分解组成和加减、认识数位、竖式计算、自编应用题、解应用题、认识人民币等。

第五册：对前四册内容的复习巩固，并有一定的延伸和提高，进一步提高幼儿思维的灵活性。

第六册：主要是 20 以内的口算练习，提高幼儿的计算能力。

拟好了教学目标，编好了每册具体内容，孙平刚想长长地舒一口气，可舒到一半，突然又停住了——

因为在她抬头的一刹那，她看到了挂在墙上的日历。

开学只有几天了。

几天！

来得及吗?

可是，来不及也得来得及——刻不容缓，现在、立即、马上着手编写……

完成《动动数学》的编写后，孙平老师陪家人出去旅游了一次

家长暖语：

    我是一名幼教高级教师，曾经送走过十多届大班毕业生，自以为对幼小衔接没问题，但当让我以母亲的身份面对今年就要上小学的儿子时，确实是感到了很大的压力，要想让孩子上一个好的学校，就要去面对激烈的竞争。在无奈中我也试图给孩子寻找补习班，也许自己是教师的缘故，对社会上繁多的各种班很挑剔，迟迟没有选择。

    后来，当听说开设"动动数学"班时，我毫不犹豫的给孩子报了名，有不少家长问我："你自己是幼儿教师，为什么还让孩子去学？"我说："是基于这种内心的敬佩和信任，我与《动动数学》的作者曾是在一起工作十多年的同事，她对幼儿数学的研究及家长历年来的反映，我亲眼目睹，孙老师将她几十年的教学经验与现在的教育观念相结合，编著成《动动数学》，所以一定会使我们的孩子数学启蒙时期受益匪浅。"

    现在小熊已经学习两个多月了，孩子发生了不小的变化，他不但喜欢《动动数学》，而且学习的主动性增强了，更重要的是通过学习活动小熊掌握了有效的学习方法，增强了解决问题的能力。

米拉会思考了

开学时，孙平不过刚刚编好了够上一周时间的课程。

那就先上着吧。

于是，这也许是她的"教学史上"从来没有出现过的情况，孙平晚上编好一课，第二天，她就在课堂上讲解一课。

第一期班结束后，接着开第二期。孙平以为，虽然"动动数学"效果很好，但不过只是不愁"生源"罢了。

然而，她想错了。

第二期一报名，竟然一下涌来了不下三四个班的学生。

一个班，孙平还可以夜晚编写，白天上课培训，可这三四个班，她纵有"三头六臂"也教不过来呀。

怎么办？

培训教师。

说起来容易，可拿什么来培训？教材，孙平还是编一节上一节呢。

还有，谁来培训？总不能让孙平停下课来专门培训老师吧，况且，她还要在"上课"中不断总结和完善"动动数学"呢。

于是，"教学史上"从来没有出现过的一幕再次上演

——孙平头一天晚上编好教材，第二天她在上面讲，下面坐着的，不仅仅是她班上的学生，而且还有几名老师，他们肩负着即将成为"动动数学"老师的使命，也就是说，孙平连学生带老师，一块儿给培训了……

即便这样，一册编完，上完，家长、学生的反响出乎孙平也出乎所有人的预料——一时间，"动动数学"风靡于大街小巷，学前幼儿的家长见了面，最常问的一句就是："你报'动动数学'了吗？"

一位家长在给学校的反馈信中这样写道：

做父母的需要有智慧，这种智慧不仅仅是指父母的文化程度，更是指应具备教育孩子的方法、观念。

在我们教育孩子时，应注意孩子自身的爱好和自信心，我是在一个偶然的机会，让孩子上"动动数学"班的，这门课与小学数学接轨，是小学数学阶段的基础。我的孩子快6岁了，他不清楚在"动动数学"中将要学到多少知识，带着强烈的好奇心，走入了课堂。

我清楚地记得，第一次上课结束后，他回到家里就主动提出给我讲一些课上所学的知识，当起了小老师，有时还给爷爷奶奶讲一些。看到孩子在书上涂涂画画、十分认真的样子，我非常高兴。经过这样反复多次，孩子学习劲头越来越足，而且对自己很自信，就好像他是"动动数学"老师似的。

在短短几个月的学习中，我的孩子掌握了很多知识。例如：数量、图形分类、认识钟表等等。我觉得这门课开得很好，它能给孩子非常重要的数学智力启蒙，能挖掘其学习数学的巨大潜能，内容不枯燥，十分有趣，让孩子在玩中学、愿意学，并且产生浓厚的兴趣，同时，还能启发孩子思考一些东西，更重要的一点是培养了他动手动脑的能力，变得更聪明。

我的孩子说："妈妈我喜欢上'动动数学'，这课特别好，它能开发我的智力，我要把数学学得更好，长大后当个数学家。"

还有一位家长在座谈会上饱含深情地说：

我是于沁晗的妈妈，当初老师向我介绍"动动数学"时，我的心里还有点排斥，现在社会上这种"王婆卖瓜"的这个班那个班太多了，还有就是，我在家里给她已买了不少这方面的书籍，经常陪她看、陪她做这方面的练习，所以，就觉得没必要再花这笔钱，既费精力，又费时间。但听完介绍，感觉这个班与别的不一样，就抱着试试看的心理报了。可是，没想到，没上两节课，孩子就特别有兴趣，有时候带孩子在外面玩，玩得正在兴头上，但是只要一问她："晗晗，今天应该有'动动数学'课吧，是继续玩还是去上课？"她会很干脆地说："上'动动数学'。"

我觉得"动动数学"最吸引孩子的地方，可能就是孩子在游戏当中学，让孩子在玩具、教具、美工、观摩比较当中了解事物的规律，孩子很容易理解掌握，而不是我们家长那种"灌输式"（填鸭式）的教育，抽象、空洞，孩子难以理解和接受。

这个学期即将学完，我们俩在家看一些智力方面的书的时候，譬如找规律、变换图形、数积木块，她都能很快地答出来，而且有好多我还都没看明白，她已经做出了答案。还有找月份、认手表……她都能很好地掌握。举一个例子，自从学了认手表后，我就给她买了一块，我会经常问她："晗晗，几点了？"她就会抬腕看，然后告诉我几点几分；有时候我忘了问，她还会提醒我："妈妈，你怎么不问我几点了呀？"

我不得不佩服孙老师的教学方法，孩子们学完了以后，不仅能把所学的东西悟透了，理解透了，而且还能举一反三。比方点积木块，隐藏在下面的积木藏在哪了，藏了几块，她都能很快地找出来。这个年龄段的孩子，这种题型对我来说都很抽象，她却能很快地找出来，我觉得还是教学有方。

这是我的真实感受，同时，也请允许我感谢孙老师和全体老师，正是你们的真心、爱心、耐心、好的教学方法，使我的孩子在这里得到了很好的锻炼、提高！

"我是米拉的父亲，属于那种要孩子比较晚的。"前面晗晗的母亲话音刚落，一位看上去已人到中年的十分干练的父亲站了起来，接着说道：

孩子的出世给我们带来了很多的欢乐，也许是年龄的原因，只要我有时间，总要陪她玩耍、学习，这已成了我每日生活的重要内容。在生活中我刻意仔细观察她、分析她的各方面情况。"他算是那种尽心尽责的好父亲"（自我打分85，但朋友们说打98分）。对此评价我总沾沾自喜，很是满足。平时也能严格对待孩子，该松时不苛求，该严时不散懒，自以为把握得较好。我与她妈妈和天下的父母一样，愿女儿健康、长大成才。在她身上，承载着我们无限的期望和梦想……

为了培养孩子，我们在这个"时代洪流"中不能自已，不能自拔，时常地感到无奈。明知很多科目的学习对孩子并不适合，但有从众心理，我们还是给她报了很多的班，生怕落下，输在起跑线上。随着孩子的长大，我们的愿望在不断地整合改变，最初的宏图大志被现实逐渐取代，变得越来越实际了——最初我要让我的孩子学习好、身体好、长的好、气质好、性格好……并为此制订了一套计划。没想到，这计划太不符合现实了，实行起来非常困难。到如今，我才不得不对自己说，我们对孩子的了解太少了……

来到孙老师的"动动数学"班后，孩子有了很大的进步，不仅会做一些数学题，更重要的是孩子会思考了，遇到问题会想办法了。在她稚嫩的人生初期竟然喜爱上了数学，这是她所学过的所有功课里最愉快、最无压力、最乐意的一门（也是难度系数最高的一门）。虽然有些题做起来有困难，但她并不畏惧，很是自信——从这一点讲，就很了不起。

成功的教学，教学的成功，让孙平喜不自胜，让家长奔走相告……

家长暖语：

    我的孩子很喜欢参加趣味数学课程，用她的话来说：
"因为我可以一边玩一边学'本领'。"每次下课后，她
都兴高采烈地跑到我身边，给我展示她的"成果"，经常
可以看到的是：一些小制作或美丽的图画，替代了抽象的
数学概念，正是因为这种互动的模式，寓教于乐的尝试，
大大激发了孩子的学习兴趣，提高了孩子的思维能力和创
造能力，使孩子真正体验到了学习数学并不是一件枯燥的
事，而是十分有意思的。感谢智慧的老师们！以这种全新
的教学理念引导孩子们，让更多的孩子从中受益。

葛沛含家长

感谢信

　　庾天启自从上了 play 数学以来，十分迷恋于斯，兴趣愈发、油然神然，逻辑思维在幼小的心灵里生根发芽，动手能力显著提升，空间感由朦胧转向清晰，对几何的感知在无陶中有所感悟。庾天启在课堂上精力越来越集中了，能坐得住了，听得进了，记得牢了。这一切，除了本人的努力而外，主要得益于老师的循循善诱。老师按照孔夫子"不愤不启，不悱不发"的启发式教学理念，寓教以精神于科学潮流之中，渗进孩子求知的心田里，以后定会生根、发芽、开花、结果的。真可谓：

春光好，课堂似邻游，

清风点点乐，师生同举手，

思维巡弋天外，学龄制未雨绸缪。

庾天启的妈妈

2006年5月

重返"蓝天"

又是一个积雪的晴天。

风"嗖嗖"地鸣叫着，太阳像长了毛一般扣在天上，虽然不是那么刺眼，但看得久了，眼睛里便幻化出各种色彩来。

孙平站在窗前，看着对面一棵落满着积雪的大树上，也落满了叫不出名来的鸟儿，在那里"上蹿下跳"，不知是在做着游戏还是在为自己筑一处避风的暖巢；还有楼下来来往往的人们，一个个缩着脖子，踩得积雪"吱嘎""吱嘎"地响，不由将散落开了的围巾重新系了系，同时，孙平也将心绪紧了紧。

随着"动动数学"的影响日益扩大，孙平的教学用书全6册《动动数学》也完成了。为此，孙平既乐，却也忧。乐的是没想到"动动数学"如此受欢迎，说明她这30余年的心血没有白花；忧的是，随着"动动数学"的影响日益"磅礴"，邀请讲学的，前来观摩的，络绎不绝。这不仅让学校应接不暇，也让孙平苦不堪言。不答应吧，都是同行，都是为了孩子，都是为了"动动数学"；答应吧，她实在是没有精力更没有时间。同时，她还要对这6册《动动数学》不断总结和完善。

而更扰心的是,《动动数学》开始出现各种"盗版"。如果真正地原封不动地"盗",倒也还好,可是,盗版者为了规避版权,有意在教材中间做些小的改动,而"动动数学"是一个体系,这一改动,未免就出现了"误区"——误孩子啊!

无奈之下,孙平找到了北京市商标局,注册商标,以期《动动数学》能得到更好的保护。

经过形式审查、实质审查、公告等程序,"动动数学"终于成了孙平的注册商标。

原本想利用这"内退"的机会专心研究,现在研究是研究了,可这外来的干扰,搅得她心烦意乱,根本坐不下来再去"研究",也没机会让她"坐"下来。

真的不能再这样了!

孙平告诫着自己。

可是,现在,似乎又有点儿"回不了头"。

孙平再次陷入了苦恼之中。

好在,就在这时,一个她熟悉而亲切的身影,带着一缕春风,走了过来……

是她!

果然是她!

谁?

孙平可亲、可敬、可爱的好领导、好同事、好姊妹,著名幼教专家、空军蓝天幼儿园园长秦书华——曾荣获"全国有突出贡献的儿童少年工作者""热爱儿童"荣誉奖章等多项殊荣,荣立二等功、三等功各两次;她秉持"以养成教育为基础,以艺术教育为特色,以探索体验为途径,丰富文化内涵,促进幼儿全面发展"的办园理念,面向未来,追求卓越,成就了"蓝天"品牌和辉煌，并多次受到党和国家领导人亲切接见。

"秦园长！"

秦书华在孙平诧异的目光下温柔地微笑着："怎么，不欢迎？"

"哦，不，不……"孙平这才回过神来，"请进，快请进。"

"嗯，我是得进。"秦书华莞尔一笑，"你干吗紧张呀，我只是来看望一下你。"

"看望一下我？"一句话，说得孙平刚刚平静下来的心情，"呼"一下又"跳"了起来："她这个时候来仅仅是为了看望一下我？"

"看电视剧呐。"秦书华一边笑着一边坐了下来。

电视里正在播放着一部军旅故事片。

也许父母亲都是军人的原因，也许是自己的爱人也是军人的缘故，抑或自己是随军家属，不知从什么时候开始，孙平总是爱看反映部队生活的故事片（当然，战争片更是喜爱），看那铮铮英雄骨、铁血英豪情，似乎想从不管是过去的战争年代还是如今的和平军旅生活中，找一找自己年轻的情怀与对生活的斗志。

斗志！

是的，孙平需要一种顽强的斗志来与"动动数学"斗（如果一定要用"斗"这个字眼的话），与自己的身体斗（也许是她还没有从之前的喧嚣中回复过来吧，近来总感到有些疲倦），更要与自己的"心绪"斗，看这些故事片或战争片，或许也是她回复平静心绪的一种方式呢。

见到这位昔日的同事，对她的到来仍十二分地不解，秦书华也不再客套，笑着将她的来意说了出来。

空军蓝天幼儿园欢迎孙平老师重新归园。

"什么什么，返聘我？"

孙平睁大了眼睛。

"是的，你没听错。"秦书华凝了凝神，推心置腹地说道，"你当初提前退休，虽然列了一大堆理由与原因，但我知道，最大的原因，是你想研究我们共同的事业——幼儿教育。现在，你的'动动数学'出奇制胜，反响异常激烈，你高兴，我作为你的一位老同事、好姊妹，也感到骄傲。但我同时也知道，你不是'社会活动家'，对这'出名'穷于应付。所以，我想，请你重新回到园里来，一方面，希望你能将你几十年的幼教经验传递给我们的年轻老师，对他们的业务进行指导培训；另一方面，你知道，我们幼儿园的教育虽然有《纲要》，但没有与之相应的配套教材，所以想请你在你'幼小衔接'研究成果的基础上，专门为我们幼儿园数学教学编写一套'动动数学'教材，这应该也是你一直的追求和夙愿……"

一番话，既恳切，也温馨，更体己，孙平还能说什么？握着秦书华的手，激动地只说了一句："知我者，秦园长也。"

"知我也，孙平者。"秦书华笑道，"两项任务，可是两副重担啊！"

"保证完成任务。"孙平幽默地学了一句电视剧里的台词。

于是，2008年3月，孙平又重新踏进了她一直挚爱、热爱、敬爱的空军蓝天幼儿园，成了园里唯一一名专门从事教研与培训工作的返聘老师。

感 谢 信

陈浞天 男，六岁半，在学前只会一些简单的十以内加减法，对数学没有任何概念和兴趣。通过在学校几个月的学习，现在不仅已熟练的掌握十位以内的加减法，还学会一些简单的百位以上的算术题。在个期蓝天幼儿园的几次数学比赛中取得第一名的好成绩，现在孩子对数学产生了浓厚的兴趣。这些都得益于孙老师的精心教育。这些都得益于学校针对学龄教育中学龄前儿童的一套行之有效的教学方案，很快的开发了学龄前儿童的智力潜能，取得了显著的进步。

真诚的感谢为我们的孩子点亮了智力的明灯，开启了他走进教学殿堂大门，最重要的是建立了孩子学习的信心，给他今后的学习之路奠定了坚实的基础。

希望孩子们都能取得优异的成绩。孩子们更快地走进小学生活。

"老虎不在家"

　　孙平这段时间忙于指导年轻老师，将"疲倦"二字早抛到九霄云外去了。

　　首先从备课开始！

　　这不，今年才考进幼儿园的小李老师下午给小班试讲一节数学课——规律排序。之前备课时已十分"认真"，可是到了课堂上，孩子们就是"完不成她的教学任务"。

　　"你是怎么上的？"面对前来"求助"的小李老师孙平问道。

　　"我让孩子们坐在座位上，按照'一只喜羊羊一只美羊羊'AB规律排序，可是，孩子们不仅将画片（平面塑封的'羊羊'）弄得到处都是，而且不是你捣一下乱就是他调一下皮，摆着摆着，不仅画片乱了，孩子们也乱了，一节课下来，怎么也完不成教学任务。"

　　听完小李老师的叙述，看着她既不服却又无奈的表情，孙平笑了起来。

　　"真的，孙老师，我拿他们一点办法也没有。"小李老师说道，仿佛是为了"强调"说的是事实。

"我知道。"孙平笑着说，"爱动爱玩是孩子们的天性，我们何不因势利导，让他们在动中学玩中学呢？"

接下来，孙平帮小李老师设计起教案来。

我们可以设定一个故事情节来让孩子们"玩"，如住在羊村的喜羊羊过生日，邀请美羊羊和小朋友们一起去它家做客，小朋友们需要听从美羊羊（老师扮演）的"指挥"（或改为服从美羊羊的命令），按照一个男生一个女生、一个男生一个女生排好队，在音乐声中向羊村出发。

可走到半路，前面的路面被雨水冲垮了，小朋友们按照美羊羊的要求，开始重新修路，用一块黄色石块（用教具榻榻米）一块红色石块、一块黄色石块一块红色石块的顺序将路修好。

路修好后，小朋友们在音乐声中继续前进。

到了羊村，进了喜羊羊家，开始给喜羊羊插生日蜡烛。

蜡烛也是按照 AB 规律插上的，如一根黄色一根绿色、再一根黄色一根绿色。

插好了，在《生日快乐》的音乐中，小朋友们一边拍着手一边唱着，整节课结束——这样，让小朋友们在玩中和动中，自然而然地感知和学会了简单的排序。

另外，孙平进一步地提醒和告诫道，一般在规律排序中不宜用"食物"来进行教学，而多采用装饰性的材料，你想，谁吃东西时还有个顺序呀！

小李老师如获至宝，第二天，按照孙平的指导，再进行教学，效果果然很好，不仅教学任务完成了，而且孩子们一齐围到她身边，说："李老师，我们还想学。"

指导方式，除了备课，还有听课、评课。

这是一节中班序数教学课：5以内序数。教师整个教学过程都较好，以"开火车""种红花"等形式，让孩子们熟练地掌握了5以内序数，但在最后总结时，老师不知是不是备课时没注意，出现了一个不应该出现的错误——

"小朋友们，这节课我们学了5以内序数，下面，我们来做个游戏。"

老师说完，让孩子们站成几个圆圈。

"现在，我们开始背诵儿歌：一二三四五……"

孩子们开始"唱"儿歌："一二三四五，上山打老虎。老虎不在家，打到小松鼠。松鼠有几个？让我数一数。数来又数去，一二三四五。"

孩子们玩得一个个兴奋不已，听课的老师们听得也是兴致勃勃。

似乎谁也没发现有什么不妥。

一节课顺利结束。

"小朋友们再见。"

"老师再见。"

孩子们离开了，接下来是老师们听孙平对这节课的评价。

孙平本来还想听听其他老师的意见，但见大家都将眼睛望着她，她只好笑着说道："游戏方式教学很符合幼儿的认知特点，但有一点我们得注意，就是任何游戏，都要围绕我们的教学内容来展开，否则，再生动的游戏，也只是游戏，并不是我们用来教学的方式。"

一句话，说得老师们面面相觑。

"我们这节课，是教孩子们5以内序数。序数是有序数词的，如第几。对不对？"

"对。"

"那我们刚才游戏中'松鼠有几个？让我数一数'所说到的数字，表示的是序数吗？"

老师们有些茫然。

孙平顿了顿："显然，是基数。"

"对呀，是基数，我们怎么就没想到呢？"

老师们立即羞红了脸。

"如果，"孙平接着道，"我们将这首儿歌中的'有几个'稍作一下改动，改成'第几个'，'松鼠第几个？让我数一数。'这样，是不是就紧扣上了本节课的教学内容？"

老师们都非常认可，感谢而激动的掌声响了起来……

同样的，在另一节数学课上，孙平看到了另一个"一不小心"的错误——

课堂教学的内容是让孩子们认识图形分割，前面老师让孩子们分别认识了诸如三角形、长方形、圆形、正方形等图形，然后，老师拿出几张事先准备好的图片教具，开始做游戏：老师指着被分割好了的图形，让孩子们在地上找到相应的拼图并站上去。

"三角形"

"长方形"

"圆形"……

孩子们兴味盎然，老师也沾沾自喜。

可是在评课时，孙平指出，这节看似非常热闹的课，却是一节失败的课。

为什么？

"我们这节课的教学目的是什么？"孙平问。

"让孩子们认识'分割图形'呀。"

"可这样的教学方式是让孩子们认识'分割图形'吗？"老师们仍没回过神来，有些恍惚。

"是'图形对应'，孩子们所站立的图形，是对应老师手上的图片的……"

孙平不仅在园内如此指导和培训教师，而且，还常受邀去外园指导。当然，外园的老师们都为能得到"动动数学"创始人的亲自指导而引以为骄傲。

这是一节让大班的幼儿"认识正方体"的数学课。

老师的组织教学以及方案设计都较好，但在上课的过程中有一个环节老师后来解释是想"创新"一下教学模式，想用"启发式教学"。

老师拿出她事先做好的一个正方体的教具盒子后，让幼儿给它起名（她的本意是想让孩子们说出"正方体"）——整个教学过程中，老师始终没有说出过"正方体"这个字眼，结果：

"老师，我起的是'我的好朋友'。"

"老师，我起的是'彩色的小盒子'。"

"老师，我说——我起的是'我家的金鱼缸'"……

孩子们说的"五花八门"，就是说不到"正方体"这三个字，急得老师满头大汗，10多分钟都没完成这个原本设计只有两分钟的环节，不出汗才怪呢。

课后，在老师陈述完自己的教学设计后，孙平语重心长地说道："我们在教学中能运用新的教学方式或是教学理论，本无可厚非，毋庸置疑，但这'新方式''新理论'要因'题'而异，因'课'而异。如果这节课的教学内容是一个故事，我们大可以启发和引导幼儿往我们所设计的方向去思考，可是'正方体'是一个定义，答案是唯一的，不能更改，更不能创造。这种定义性的、唯一的名词，没必要花那么多时间来'启发'，不如直接告诉幼儿这就是'正方体'，然后将时间花在孩子们对正方体特性的认识和理解上，譬如'这个盒子是由6个一样大的正方形围合而成的''这6个正方形是不是一样大？'得到幼儿的肯定答复后，进一步引导：是的，小朋友们回答的非常正确。这由6个一样大的正方形组成的盒子，它有一个非常好听的名字，这名字就是我们刚才所说的'正方体'……"

一番话，说得大家情不自禁地在心里为孙平竖起了大拇指，为她点赞。

"我很平凡"是孙平老师说的最多的一句话

"123" 的奥妙

　　让孙平有点骄傲又有点啼笑皆非的是，她不仅要培训本园的年轻老师、受邀去各地给老师们讲课，而且还要常常对家长进行与孩子们一样的"启蒙"培训。

　　"今天来的都是中班和大班家长，你们的孩子今年和明年都要步入小学，开始学校的学习生活，现在的孩子大多数都是独生子女，孩子寄托着父母的全部希望。一流的幼儿园、一流的小学、一流的初中、一流的高中、一流的大学、一流的工作——是所有家长心中为孩子设定的理想之路。至于能不能实现是另一回事，家长只要做了，心里就踏实了，将来免得去后悔。因此家长们都很重视入学前的各种准备，今天我们就这个专题聊一聊孩子入学前在数学方面要做哪些准备。"面对着家长们像求知的小学生一样的殷切目光，孙平开始了她的培训，"各位家长，你们认为孩子在上学前要做哪些数学方面的准备？在没讨论这个问题之前我们先重温两个名词——智力与思维。你们在说到孩子教育时用得最多的一句话就是要发展孩子智力，发展孩子思维；我们也经常将发展幼儿初步的思维能力提作初步逻辑思维能力或智力，这虽然正确，但比较笼统，不具体。因为逻辑思维指的是抽象思维，而智力包括的范围比较广泛。"

"那什么是智力？什么是思维？"

"智力是指由感知能力、观察力、注意力、记忆力、想象力，口语表达能力和思维能力等组成的认知活动的综合能力。智力的核心是思维能力，因为思维能力的发展程度是整个智力发展的缩影和标志。

"什么是思维？ 思维是人脑对客观现实概括的、间接的反映。思维的基本形式是：概念、判断和推理。思维的过程是：分析、综合、比较、抽象、概括和具体化。"

家长们完全没想到，孙平给他们讲起了这样的内容。

"接着我们前面的话题，既然是为入小学做准备，那我们就看看小学的入学测试考的是什么。我们今天不去讨论这种入学测试对不对，当我们个人无法去改变这个状况时，只有去面对和接受这个现实——"孙平话锋一转，说起了家长们正想问的问题，"下面我们先看几道名牌小学的入学测试题。"

"第一题：猫＋狗＝7，狗＋狗＝8，问猫＝？"

"第二题：用花盆摆一个正方形，要求每边至少有两个花盆，问最少需要几个花盆？"

"第三题：3个苹果＝6个桃子，2个梨＝6个桃子，那么，1个梨和1个苹果＝几个桃子？"

"家长看看，以上这些题是数学题，有没有我们刚才说的那些内容？它并没有直接运算的加减题，那它主要考的是孩子的什么能力？做这些题时只靠计算能力行不行？是不是孩子首先要在头脑中对题意进行分析、比较、综合、推理、判断等这一系列的思维活动？由此不难看出，这些题是在测试孩子的思维能力。"

"这种思维能力对以后学习数学至关重要。"

"解析上边的题（变换提法就是变换思维的角度）那孩子们为什么回答不出来？问题出在哪？我们在教孩子学习数学知识的过程中缺少了哪些环节？这是我们家长需要深思的……"

家长们听到这里，不由地个个正襟危坐了起来。

"那么幼儿时期究竟在数学上要学些什么？《纲要》中有具体的要求——幼儿数学从内容上可分为数、量、形、时、空五个部分，在不同的年龄班有不同的要求。为了看清它们的连贯性，我们这样梳理出一条简单的主线——"

接下来，孙平便给家长们展示开了《纲要》中关于这五个部分的教学内容：

"以上是《纲要》中规定的幼儿数学的内容，它只是一个载体，我们要通过学习这些内容来发展孩子的思维。那么内容中蕴含着的哪些因素是促进幼儿思维发展的核心因素呢？"稍停顿了一下，孙平说，"数量关系是利于幼儿思维发展的核心因素。数学是研究现实世界数量关系和空间形式的科学，数量关系就是数学知识本身内在关系的表现，它反映了数学知识内在的规律性（前边的那些题都是反应了数与数、量与量之间的关系）。因此数量关系是幼儿数学教育中有利于幼儿思维发展的核心因素。我们将现有幼儿数学教育内容中蕴含着的一些简单的数量关系揭示出来，引导幼儿去探索并初步理解，借以达到发展幼儿思维的目的。"

"那么，《纲要》中数学教育内容中的哪些部分蕴含着

遗憾妈妈的名师路
——"动动数学"创始人孙平

数量关系？总体上，我们可以归纳为 16 种关系。下面分年龄班具体说明——"

孙平站了起来，一一为家长们分解着：

"例如："孙平重新坐了下来，"1、2、3 里面蕴涵着哪些概念和数量关系？"

"1.从基数上看：表示物体的事物的多少（数的实际意义）。

"2.从手口一致点数上看：蕴含着对应关系。

"3.从序数上看：表示物体的事物的次序（位置）。

"4.从数的形成看：表示自然数列中相邻两个数之间大 1 和小 1 的关系。

"5.从相邻数上看：表示自然数列中相邻三个数之间的关系。

"6.从数的分解组成上看：互补关系、互换关系、包含关系。

"7.从数的加减上看：等量关系、可逆关系。

"8.传递关系：3 大于 2，2 大于 1，3 就大于 1。

"9.双重关系（相对性）：2 是大还是小，要看它跟谁比。"

"以上是幼儿数学教育中内容蕴含着的一些简单的数量关系，幼儿如果掌握了此类简单的数量关系，我们就赋予幼儿一种获取新知识的潜在能力——这就是数量关系是发展幼儿思维的积极因素的本质所在。"

"因此，初步理解有关的数量关系，既能加深对数学知识的理解，又能促进幼儿思维抽象能力和推理能力的发展。"

"幼儿时期是人的一生中智力发展的最佳期，不同学科的知识对促进幼儿智力的发展都起着重要的作用，但由于数学本身具有高度的抽象性和严密的逻辑性，因此它对发展幼儿的抽象思维具有其他学科无法替代的特殊价值。"

"归纳起来，"孙平小结道，"数学教育的重要任务是发展幼儿智力，智力的核心是思维能力，思维重要的是思维过程；而数学本身的概念性、逻辑性和抽象性极为接近思维的过程。因此，我们可以这样认为，培养幼儿学习数学思维能力和思维过程，让孩子的思维结构发生变化，这是幼儿数学教育的重中之重。"

最后，孙平饱含感情地说道："著名教育家赞可夫有句名言——教会学生思考，对学生来说，是一生中最有价值的本钱。我们所做的，就是给学生、给你们的孩子，当然也是给我们的未来——一生中的最有价值的本钱！"

哗——

家长们情不自禁地全体起立，让掌声给孙平的讲座，打上了一个圆满的句号……

家长赠语：

　　田帅君小朋友自学习"动动数学"以来，在数学方面有了很大进步。他每次都能高高兴兴地去上课，在课堂上积极发言，回答老师的问题。通过这两期的学习，我觉得孩子在思维训练方面有了明显的进步。比如，在学习第一册时，有一个把相关联系的物体连线，并说出为什么的题，孩子通过这个内容的学习，不但掌握了物品的用途而且还了解到与其相关物品的用途和联系，以及为什么相连等等。通过学习还增加了孩子的动手能力。我认为非常好，这不仅锻炼了孩子的动手能力，而且还增加了孩子的乐趣，真正做到了"玩"中学，"学"中玩。

田帅君的妈妈

　　我们王悦泽性格有些内向，不太爱说话，学了两期的动动数学后，还什么事儿都爱动脑筋了，也乐意把自己的想法跟我们说了。孩子的这些变化与学习动动数学是分不开的。

　　动动数学不仅培养了孩子的思维能力，同时也教会了孩子很多实实在在的知识，如：认识钟表，认识简单的形体，等分图形，数量，对称图形等，这些都是孩子上学能用得上的知识。

　　另外，动动数学的教学方法比较好，孩子快快乐乐的就能学会知识，孙老师也很耐心，当孩子不是很明白时，及时给孩子进一步讲解。在这里，我想谢谢老师：您辛苦了！

思维体操现在开始

　　培训、观摩、讲座……

　　孙平尽管"忙"得不可开交，但她始终没忘记园长秦书华交待给她的"任务"——编写园本（幼儿）教材。

　　这是一套全新的不同于以往的教学用书。

　　以往孙平编写的《动动数学》，主要是用于"幼小衔接"，而现在编写的，则是蓝天幼儿园教材，甚至可以说，就是为庆祝蓝天幼儿园成立 60 周年而编写的"专用教材"。

　　——为了保障空军官兵的子女教育、解除空军官兵和家属的后顾之忧，1952 年 5 月 22 日，空军建立了第一所幼儿园，时称"军委空直保育院"，也就是今日"蓝天"的雏形。

　　——建园之初，从园长到保育员、炊事员全部是现役军人，许多老师是来自延安保育院的骨干，他们给孩子洗澡、理发、剪指甲、做棉裤棉袄，重在生活保育。抗美援朝时期，有些孩子的父母奔赴前线，老师就把孩子领到自己家中照顾。

　　——60 年来，"蓝天"传承了这份使命，一茬又一茬的园丁本着"为部队服务，为官兵服务、为幼儿服务"的宗旨，一路倾心耕耘。

——"在我们心中，爱'蓝天娃'，就是爱空军、爱祖国；培养好'蓝天娃'，就是为空军服务，为祖国的未来服务。"幼教专家、园长秦书华动情地说……据秦书华介绍，近年来，"蓝天"进一步敞开大门，以更加开放的姿态、前瞻的眼光，兼收并蓄国内外最新的教学理念和教学方法，努力营造符合时代需求的育儿环境。

——60年来，"蓝天"人那些美好的记忆、梦幻般的遐想，犹如璀璨的繁星，夜夜不忘升起，时时辉映心灵。许多"蓝天"人都说："蓝天幼儿园永远是放飞梦想的地方……"

……透过发表在《解放军报》上的这篇《"蓝天娃"的幸福乐园》新闻，我们不难看到空军蓝天幼儿园的昨天、今天和明天。

好在，孙平有过前几次编写教材的经验，因而，再次编写，还算得心应手。除了对小、中、大班分别进行了重新梳理，其贯穿的中心，仍是"思维"二字，拿孙平的话来说："数学作为基础教育中必修的一门重要课程，是不能凭喜好去选择的。幼儿期是人一生中智力发展的关键时期，数学本身内在的抽象性和逻辑性对幼儿数理逻辑智慧的发展更具有特殊作用。如果在学前期施以科学的教育，可以收到事半功倍的效果。但长期以来，人们往往只重视了数学知识的传授，忽视了学习数学思维能力的培养。幼儿掌握某些具体的数学知识只是一种表象，发展的实质在于幼儿的思维结构是否发生了变化，这才是幼儿数学教育的真正目的，因为思维能力对人的一生有着重要的、深远的影响。"

主题确定后，孙平进一步考虑的是"这套"教材与以往的"那套"有哪些不一样，也即是"这套"的独一无二。

同时，为了区别她原来编写的《动动数学》，她直接将"动手动脑"4个字放进了书名，命名为《动手动脑学数学》。

"本套《动手动脑学数学》旨在培养幼儿的思维能力，有以下三个特点：孙平在"前言"中写道：

一是用系统化的知识内容发展幼儿的思维结构。数学概念的抽象是一种像阶梯式的层层的抽象，遵循这一规律，把学前幼儿（3-6岁）可掌握的数学内容系统划分为数、量、图形与空间、逻辑与关系的4大领域，归纳了50个知识点，并有计划、有目的地进行编排，小班、中班、大班之间是承上启下的递进关系，逐渐地扩大概念范围，知识的层次由浅入深，孩子的学习循序渐进。在渐进式的上升中，促进孩子思维结构的发展。

二是操作化的教学模式符合幼儿的认知特点。幼儿学习数学，要依靠具体形象的思维和作用于事物的动作，根据这个原则，我们把要让孩子掌握的有关知识都尽可能地转化成可操作的材料，让孩子在亲身操作的基础上将外在的动作进行浓缩和内化，最终在头脑中进行抽象和概括，能动地构建数学概念。

三是用趣味化的学习材料激发幼儿的学习欲望。寓教于乐，是孩子最容易接受、最乐于参与的一种教学模式。我们的数学课，看上去好像是美工活动，孩子们在圈圈、画画的过程中，自然地亲近了数学，不知不觉地走进了数学王国，没有学习数学的恐惧和压力。另外在分类、比较、排序、找规律等内容安排上，涉及了社会常识、自然常识和科学常识等，扩大了知识的范畴，激发了孩子的兴趣，为日后进一步接受数学教育奠定了良好的基础。

写到这里，孙平意犹未尽，最后写道："让我们带着孩子一起动手动脑，思维体操现在开始！"

"主题"确定好了，"特点"设计好了，"教材"也构思好了，尽管之前有过《动动数学》的编写经验，但这次，毕竟是园本教材，真的落笔编写，孙平还是写得"小心翼翼"——譬如，在编写小班"数与物的匹配"时，具体教学中，教师通常会指出一个数字让幼儿拿出与数字相匹配的物体来，可在书中怎么呈现呢，而且要呈现得让小朋友们有兴趣？孙平想了很多种方法，最后根据小朋友们爱飞机的特点，设计了"停机坪"活动，请小朋友看一看每个停机坪上的数字是几，然后根据数字，在上面停（贴出）相同数量的飞机；接着又根据小朋友们喜爱小鱼的特性，设计出"小鱼吐泡泡"活动，请小朋友们看一看小鱼吐出来的数字是几，然后在后面的框里画上相同数量的泡泡；由此类推，她又设计了"数草莓""数金鱼""找数字""停车场""宝宝踩石头"等活动，让小朋友们在动中学、玩中学，玩中巩固、动中巩固……

初稿很快完成了，为了更能准确地体现她的编写思路，孙平亲自数次去出版社，对每一页、每个字甚至每个图的位置，她都一一校对，终于，在空军蓝天幼儿园成立60周年之际，《动手动脑学数学》顺利出版（蓝天出版社2012年5月第1版），成了孙平奉献给给过她青春、给过她快乐、给过她荣誉的空军蓝天幼儿园的一份厚礼……

明天的笑脸，
幸福的起点，
有彩虹花朵铺满在一整片蓝天，
不管有多么远有你在我身边，
我追着梦的光点……

听着这首不知名的动漫主题曲，孙平在书的封底这样写道："幼儿时期是人一生中智慧发展的最佳期，而数学是思维的启蒙与引擎。因为数学不仅仅是一门知识，作为一种思维工具更让人受益终生。本书的宗旨是让孩子在动手动脑中激荡思维，通过动手将外在的形象动作进行浓缩和内化，最终在头脑中进行抽象和概括，能动地构建数学概念，感知数学思想。"

友善朴实是孙平老师最高贵的品质

家长暖语：

琪琪在数学班，已学完了第二册，在这期间，不但学到了许多知识，同时也培养了孩子的学习兴趣和对身边事物的观察能力，思考能力。

孩子每次上完课回到家，总是先拿出书，给妈妈讲一讲今天都学了哪些内容，看到她认真的样子，我们做家长的特别的欣慰。在我们认为枯燥无味的数学，孩子学习起来竟然如此感兴趣，我们就不难知道数学班有着它一套独到的教学方法和理念，我很庆幸自己在入学前给孩子选择了这样一个学习机会，也感谢数学班的全体老师们为孩子们做的一切，你们辛苦了！

琪琪的妈妈

给孩子一种方法

电子传播，一个全新的"挑战"方式，一个偶然的机会，出现在了孙平的面前……

"孙老师，祝贺你！"

这是 2012 年 5 月底，当孙平的《动手动脑学数学》出版后，随着空军蓝天幼儿园 60 周年的大庆的结束，孙平的"返聘"时间也到期了，算是"真正"退下来了，为此，一直忙着没时间陪着孙平的爱人（抑或是孙平没时间陪着爱人），特地邀请了一些他的好友，利用这个周末，大家一起聚一下。

"祝贺我什么？"

一向矜持的孙平，也许是"退"下了的轻松，拿爱人后来的话来说，竟然"调皮"地反问道。

举着酒杯的是一位敦厚的中年男士，被孙平这一问，一下竟回答不上来了；或者说，不是回答不上来，而是不知该怎么回答。

是祝贺她"光荣退休"？

还是祝贺她《动手动脑学数学》成功出版？

看着有些尴尬的朋友，爱人举起酒杯"开导"道："祝贺你光荣退休。"

"我看，还是祝贺我新书成功面世吧。"孙平微笑着与男士轻碰了一下酒杯，"这套书现在非常受欢迎。"

"能跟我们说说吗？"旁边一位女士端着酒杯诚恳地望着孙平。

于是，孙平的"职业病"立即"犯"了起来，从思维与数学，说到1、2、3包含着多少种关系；从趣味性的脑子"动"、操作性的双手"动"，说到迁移性的知识"动"……一说，就说了十几分钟。不对，这"十"与"几"得倒一下，是几十分钟；而且这几十分钟里面，无论是喝酒的还是不喝酒的，全都或端着酒杯或抱着双肘，聚精会神地听得津津有味。

"喂，我说孙老师，我们得商量商量。"酒会散了后，爱人与孙平在回家的路上，半是开心半是认真地说道，"能不能下回别在我们喝酒时谈你的什么'动动数学'？"

"怎么了？"

"还怎么了，你看，别人只顾着听你的'动动数学'了，酒也忘了喝。"

孙平一听原来如此，不由地一下笑了起来："哦，是你自己想喝酒吧。"

爱人一见孙平道破"天机"，立即打住，举手"投降"，连声道："行行行，下回你继续说，继续……"

这"下回"，没想到，第二天，就"继续"了。

第二天，孙平正在整理着好久没打理的一盆吊兰，家里的电话突然响了起来，她以为是爱人落下了什么东西，才给她打的，可是一接听，竟然是个陌生的声音。

陌生声音自我介绍道，他是国家文化体制改革试点单位、山东广电控股的传媒公司——北京鲁视领航文化传媒股份有限公司的策划人，因为听到朋友的介绍，特地来电，约请孙平谈一谈，因为他对她的"动动数学"非常有兴趣。

原来，昨天在酒会上，孙平"无心"的一番"动动数学"，引起了一位"有心"朋友的注意，而这位朋友正好是这位策划人的亲戚。朋友回去后，就抱着电话一直与这位策划人"喋喋不休"着"动动数学"。策划人听完，不由地"心花怒放"，不仅仅是被"动动数学"的魅力所吸引，而且，他们公司主营业务也正是"青少年为主要服务对象的多媒体数字化视听内容研发、生产与运营"，并拥有北京、济南两个数字化节目制作中心和面向新媒体的云服务平台。放下电话后，他迫不急待地上网查了一下，结果，网上虽然有"动动数学"的部分介绍，可惜，更具体一点的宣传，竟然没能找到。于是，几经周折，他找到了孙平的宅电，径直联系上了她。

"我们想将你的'动动数学'搬上媒体传播，制成教学专题片。"策划人开门见山，"不知孙老师您有什么看法？"

孙平一时有些懵。

"哦，孙老师，请放心，我们是北京鲁视领航文化传媒股份有限公司、山东电视台少儿频道，前面说的是我们公司的全称。"策划人以为孙平的迟疑是因为担心他的"身份"，忙跟着解释。

"可是，我没做过电视节目啊。"孙平说出了她的犹豫。

"正因为您没做过，所以我们才来请您做呀。"策划人说道，"'动动数学'真的很好，我们想通过我们的努力、我们的媒体优势，让更多的小朋友受益。"

孙平这次没再犹豫，说可以的。

于是，孙平第一次正式地走到了摄像机前。

"孩子成长并不难，早期教育是关键。"主持人笑着说道，"很多家长都关心孩子的数学教育方面的问题，请问孙老师，孩子学习数学最重要的是什么？"

孙平原以为自己会很紧张，没想到，一说到数学，她浑身都来了"劲"，立即侃侃而谈了起来："我认为在数学的学习上，家长更重要的是启发孩子学会思考，而不是简单地教孩子 1+1=2。我们要给孩子一种方法，让孩子自己学会思考；给孩子一种工具，让孩子自己去创造。"

主持人："学好数学对孩子将来的发展有什么影响呢？"

孙平："首先我们知道，数学研究的是客观世界当中，数量关系与空间形式的学科，也可以说，数学是百科之母。譬如说，物理、生物、化学、医学、计算机、工程学等各个领域，如果孩子从小数学基础不好，会影响到这个学科的学习。因为未来一切竞争的本质，就是数学的竞争。"

主持人："对于几岁的小孩子，我们最多教会他们数的加减乘除以及一些简单的图形，那么这些东西真的那么重要吗？"

孙平："这个问题问的非常好，这些都是家长们所困惑和忽视的。我们在为孩子们做学前准备的时候，很多家长认为，教孩子认识很多数字，然后会算加减运算，再认识一些图形，这就是给孩子们做了数学方面的准备。实际上不是。孩子入学以后，他的数学成绩好与坏，取决于学习数学的思维能力，因为发展幼儿的思维结构才是数学教育的本质。数学作为一种思维工具，是可以让孩子受益终身的！"

主持人："可以分享一下您的教育秘诀吗？"

孙平："当然可以了，如果能帮助更多的孩子取得好的学习成绩，我很愿意尽我所能，把我的这套'动动数学'的教学理念，分享给大家。'动动数学'主要是让孩子在玩中学，寓教于乐，强调孩子们的动手操作能力，因为孩子的思维是具体形象的，数学概念是抽象的，孩子在建立一个数学概念的时候，他必须要通过动手操作，然后把操作的过程进行内化，最后在脑子里面才能形成数学概念。'动动数学'——动手、动脑学数学……"

试录很顺利，结果令孙平高兴，策划人和他的团队也很满意。

于是，双方进行了简单的沟通后，正式签约合作：孙平配合策划人，将她的"动动数学"制作成系列教学节目——给孩子一个新颖方法，给孩子一种新奇工具……

孙平老师拿起麦克风，对着摄像机讲起她的"动动数学"

"动动数学"会"动"了

空山新雨后，天气晚来秋。
明月松间照，清泉石上流。
竹喧归浣女，莲动下渔舟。
随意春芳歇，王孙自可留。

虽然孙平见不到"明月松间照"，也看不见"竹喧归浣女"，但唐代王维的这首《山居秋暝》还是让她忍不住地喜爱，因为那份"随意春芳歇，王孙自可留"让她的心襟大开，甚至是喜不自禁。

为什么？

因为她刚刚与领航传媒、山东电视台少儿频道的编导们进行了摄录前的沟通，包括每节制作多长时间、共分多少期甚至她每期要穿什么颜色的衣服等细节。万事俱备，只待明天的春风，因为现在的季节是秋天，所以，让她想起的，是这首秋天的诗。

通过这几次的交流，孙平对领航传媒也有了更进一步的了解，公司现在不仅拥有北京、济南两个数字化节目制作中心及面向新媒体的云服务平台，而且还生产并汇集了大量的原创版权内容，为各种新兴媒体提供丰富的系列化数字内容产品，目前已成为国内最大的青少年文化素质教育视听类内容商之一。同时，凭借内容的优势和云服务平台的支撑，公司研发并推出了预装有独特的原创内容的领航智慧本系列平板电脑产品，内容与数字终端相互植入，大量的互动功能、良好的用户体验成为产品特色。并且公司将持续依托广电传统视听内容生产的优势，秉承传统内容产业与现代数字技术发展相结合的业务发展方向，以多媒体、数字化的理念整合、开发产品和服务，目标是成为传统视听内容生产行业向多媒体、数字化全面转型的领先者。能与这样的专业、权威、前瞻的团队合作，孙平焉能不兴奋！

第二天，孙平按照约定的时间来到了演播厅，可是，现场的布置和情景，却让她一下又回到了当初试录时的那份紧张与不安。

怎么了？

因为现场除了几名孩子外，就是工作人员，既没有教室，也没有课桌，这课——怎么上？

还有，她带了一大摞教具往哪放？

这还倒在其次。

等正式摄录时，孙平走到背景墙前，眼里根本看不到孩子们，因为灯光打得她眼睛不知往哪看好，平时的教学激情如一群受惊的小鸟，"呼"一下全飞了。

可是，尽管不断说服自己，但那种教学情绪，怎么调动，她就是"调"不出来、"调"不起来、"调"不上来……

一进门，刚刚到家的爱人就看出了孙平的"不对劲"。

"怎么了，谁欺负了我们家老太太？"

孙平没像平时那样理他。

"哟，还真的被人欺负啦？"爱人"小心翼翼"地接过孙平的手包，跟在后面追问道。

"没有。"

"没有？没有你这眉头怎么云遮雾罩的？"一向粗心的爱人，这次倒是细了一回心。"是不是节目录的不成功？"

"明知故问。"孙平没好气地冲了一句爱人。

"说来听听，看看为夫的可不可以给你支两招？"爱人知道了原委，不由又"嬉皮笑脸"了起来，"你知道的，为夫有多聪明！"

这点爱人还真的没"吹牛"。

爱人退休后，竟然被一家建筑公司聘为总监。这个"总监"没干上两年，他又跳槽到了一家设计公司任总监，拿他的话来说，"设计"听上去总比"建筑"有"知识"有"文化"，别以为一听到军人都是"脑袋大脖子粗"。

"那是伙夫。"孙平不禁被他逗乐了。

"是呀！"爱人说道，"傻大兵嘛，也就伙夫那么点的智慧。"

"伙夫还'那么点'智慧呀，那些菜品，你做做试试。"孙平撇了撇嘴，仍是一脸的肃然。

见孙平这次真的是"烦恼"了，爱人"正"了"正"形，坐到孙平面前，盯着她的眼睛，说道："到底遇上什么事情了？"

孙平深深地叹息了一声，然后将自己的"不适应"一股脑儿地说了出来……

听完孙平的"苦恼"，爱人坐在那儿，一时不知道说什么好，或者说陷入了沉思。几十年的相濡以沫，使他对孙平的一个眼神、一声喟叹、一个动作所寓含的意思都了如指掌；刚才的这声叹息，说是孙平苦恼，莫如说是孙平内心挣扎的一种宣示。

"你不是一直希望你的'动动数学'能为更广大的家长和幼儿知晓、为社会服务吗？现在这个平台，岂不正合你意？至于不习惯，只不过是改变了一下教学环境和教学手段么，作为一名有着几十年教龄的你，难道这点小困难都克服不了？"爱人鼓励道。

"是小困难吗？"

"好好好，不是小困难。"爱人笑着说道，"那你说能不能克服吧？"

"当然得克服，只是……"

"别'只是'了，我们明天就去买一些专业的书籍或是录像带回来学。不会教难道我们还不会学！"

"谁不会教了？"

爱人立即又作投降状："会教，会教。"

第二天，夫妻俩去书店，抱了一大摞书和盒带，回来后，两人一边看一边"研究"，终于在再次录制的时候，孙平坦然地面对起镜头来……

制作了前三期后，在领航传媒研发的领航智慧本上进行试播。

试播的结果，出人意料地好，家长们纷纷给编导们来电或是写邮件。

看着这一封封热情洋溢的邮件，孙平再次感动了，没想到，她的"动动数学"不仅得到了课堂上幼儿的认可，而且，也得到了电视机前的家长的认同。

"这说明了什么？"爱人逗着孙平。

孙平骄傲地扬了扬头说道："这说明我的'动动数学'有益于社会；但这还仅仅是开始！"

是的，仅仅是开始，因为，另一项能让孙平的"动动数学"走进每个家庭、走近每名幼儿的"工程"已经启动，这就是北京鲁视领航文化传媒股份有限公司联合知名幼教专家与山东广播电视少儿频道共同研发的一款幼儿成长型电脑——"小动仔"成长电脑开始全面推广、上市、普及……

灯光。

绚烂的灯光。

孙平在"授权书"上签完 "平"字的最后一竖，也如这惊叹号般的一竖重重地喟叹了一声："让孩子受益，让家长受益、让社会受益——我的'动动数学'可以走进千家万户了；我的夙愿，终于可以完美实现了！"

授权书的签订，意味着通过"小动仔"成长电脑，各地的孩子们就能亲眼看到和亲耳听到栩栩如生……不，就是孙平本人的讲课了。

感谢信

航航是06年4月在学校上了动动数学班。06年9月考上了人大附小。当初报名时，只是因为孩子对书的内容非常感兴趣。玩中学符合孩子的年龄特点，又没有作业，大人也省事。但动动数学的真正价值是孩子再上学后才逐步感受到的。小学数学书的题型几乎在动动数学书中都接触过，人都是对自己熟悉的感兴趣，因为熟悉才有信心和把握成功。成功又给孩子带来了自信与自豪。这种良性的循环使孩子在群体中脱颖而出。

航航妈妈

传播梦想

　　"动动数学"教学视频的"蹿红"，让领航传媒精神为之一振，结合时下电脑游戏越来越成为人们生活中不可或缺的必备休闲工具之一，与山东广播电视少儿频道共同研发了"小动仔"成长电脑。

　　"小动仔"成长电脑，是一款从孙平始创的"动动数学"中受到启发，并以此为核心推出的国内首套幼教特色视频教程，其教学内容与"动动数学"一样，贴近幼儿的日常生活，让孩子"学"与"用"不分家。以"动动数学"为主打，倡导"动动手，就成才"的口号，不仅融入儿歌、音乐、游戏、积极心理诱导等元素，还能极大地培养激发孩子的学习兴趣，增强幼儿自我学习能力，为孩子的人生发展打下良好的素质基础。

　　孙平说，让孩子快乐游戏，并加以引导，对孩子智力开发十分有益，譬如，游戏中欢乐愉快活泼的气氛，是孩子主动性、创造精神和思考能力养成的重要环境条件；游戏有助于孩子快速反应判断能力的形成；游戏有助于发展孩子的想象和思维能力；游戏有助于培养孩子对体力和智力活动的兴趣，激发求知欲望；游戏还有助于培养孩子积极向上的自信心和努力达到目的的意志力，这是孩子成才极重要的心理品质。

同时，为了使游戏对孩子身心健康收到更佳的效果，可把游戏与启迪孩子思维结合起来，在游戏过程中家长向孩子提出各种问题，让孩子思考。家长也可以和孩子一起参加游戏，使孩子备感愉快，有益于孩子健全心理的形成。

再说，现在单一理论的教学已不能满足国际化人才发展的需要。文化发展多元化，人才竞争日趋激烈，多元式教学方法已被中国的家长普遍接受。小小的孩子往往身负重任，既要强身健体，又要开朗活泼；既要聪明机敏，又要多学知识；既要为将来的事业、职业、就业早早地做好素质准备，又要能应付各种考试。"小动仔"成长电脑，既注重孩子的智能发展、心理发展等培养孩子良好素质，为将来的事业发展打下坚实基础；又可衔接中小学教学需求，帮助孩子学会思考，学会学习，取得更好成绩。

当然，也要让孩子注意体力性游戏不要过分劳累，用脑的游戏也不要时间过长。

为此，小动仔团队在研发时，特地设置了儿童和家长两种界面。

儿童界面为"全脑开发 6G 成长模型"（语言表达、主动学习、认知探索、艺术培养、情感塑造、独立创造）教学模块，并配有多种互动形式的教学软件和全面丰富的教学内容。

家长界面添加了可以管理儿童界面的各种设置，并嵌入了独特的防沉迷和防近视系统，同时家长界面还为家长们提供了包含育儿知识、软件、电子书、视频等多种形式的内容。

"小动仔"成长电脑体现的，仍是"动动数学"所倡导的"使孩子在学前阶段既能愉快地玩，又能痛快地学。"

孙平在接受媒体采访时说，有调查数据显示，现代家庭中，大多数是独生子女，对宝贝呵护备至，孩子说要买什么必须顺从，40%的家长拿自己的孩子没办法。对此，培养孩子在幼儿时期形成终生受益的品质、态度、情感、能力，是比学知识更重要的方面，家长们需多关注一些幼儿教育的书籍或产品。

"生活中爸爸妈妈跟宝贝们有哪些互动？"

小动仔团队调查显示，56%的小朋友的回答是自己拥有儿童电子产品，诸如点读机、小动仔等，爸爸妈妈一有时间就陪着自己一块玩；44%的小朋友给出的答案是爸爸妈妈买好多玩具给自己，一起玩许多游戏。

从这个调查结果中不难发现，现代家庭中越来越重视亲子之间互动了，而小动仔作为亲子教育保驾护航的幼儿教育电子产品是有其存在价值的。

当然，父母是孩子的第一任教师，家庭是人生成长的摇篮。随着幼儿教育逐渐被重视，众多早教产品如雨后春笋般层出不穷，父母选购产品时一定要谨慎。幼儿、儿童时期是人的许多良好个性、品质、行为、习惯的养成时期，来自于家庭教育的亲子互动是必不可缺的。

孙平进一步指出，随着"早教"之风在中国家庭的掀起，越来越多的家长把目光投向洋品牌，无论书店、网络、商场，叫卖最欢的教育碟片、图书或动画，几乎都是洋产品。

对此，孙平建议，中国家庭在给孩子选择早教产品上，不应一味"崇洋"，应选择符合中国国情、适合中国环境下成长的且在内容上丰富的产品，譬如小动仔等大品牌。

人的一生中 0-6 岁是早教的最佳时间段，也是人的智力和性格培养的最好时期。所以，早教产品的好坏不仅和婴幼儿的生理规律有关，也跟产品如何融入不同的教学规律息息相关，建议各位父母在为孩子选购早教产品时根据早教内容进行理性的选择。

"洋早教"产品即便完美无缺，也影印着自己国家的教育观念的影子，而他们的教育方式和观念，或许难以真正适合中国的孩子……

> 门外山光马亦惊，阶前屐齿我先行。
> 风花误入长春苑，云月长临不夜城。
> 未许牛羊伤至洁，且看鸦鹊弄新晴。
> 更须携被留僧榻，待听催檐泻竹声。

孙平录完第一季幼儿教育数学"互动"的视频已是这一年的最后一天了，此时，北京的又一场大雪刚霁。

看着这"北国风光"，吟诵着苏轼的《雪后到乾明寺遂宿》，孙平激动而兴奋地伸出双手——像是迎接，更像是托举——

迎接着新年的到来，托举起明天的太阳……

孙平老师和幼儿园里快乐的孩子们

后　记

　　我很平凡——这是见到孙平老师后，她对我说的最多的一句话。

　　是的，也许她是平凡的：一名平凡的幼儿教师，一名平凡的女儿母亲，一名平凡的军人妻子……可是，当她说到"动动数学"时的那份执着与自豪，说到女儿一个人去美国就读时的那份揪心与牵挂，说到爱人"生活中的粗线条"时的那份爱意与关切，尤其是当她说到她还没来得及好好尽孝，母亲便突然撒手人寰时的那份愧悔、疚恨和无助；让我想到的，却是人们常常说的那句"平凡中的伟大"。

　　她将少年时的梦想寄托在了女儿的身上，寄托在了所教的每一名幼儿身上，而且一一实现着……

　　最初写这本书的动机，是看到"中国幼儿第一导师"这个词语，因为，我也曾有过近 30 年的基础教育工作经历。一名老师，能为另一名老师"讲述她的故事"，当是另一番感受、别一番感动、再一番得意！

　　对孙平老师探索和研究"动动数学"使"孩子受益、家长受益、社会受益"所产生的那种敬仰、尊崇和钦佩将永远不会被时间冲散。

  "给孩子一种方法，让他自己去思考；

  给孩子一种工具，让他自己去创造。"

  是为记。